東信堂ブックレット

教育学って何だろう

受け身を捨てて自律する

福田誠治 著

東信堂

刊行の辞

歴史の中の私、世界・社会の中の私、地球の上の私とは何か。
自分の立ち位置を常に想像できる人として生きることが、一生の存在
理由であり・目的である。

以下の 12 点を念頭に「**東信堂ブックレット**」の性格を表現している。
　1、人間が普通に生きていける社会をめざす。
　2、平和であることを価値とする。
　3、正義という価値を考える。
　4、多様で平等という価値を考える。
　5、人間の権利を擁護する。
　6、他国を侵害せず、国際協力を考える。
　7、想像・判断の思考を妨げない。
　8、国家・行政は人々を守るためにある。
　9、民主主義を熟議する、争わない。
10、子ども、若者、老人の世代の共生を最大限に生かす。
11、共同、協働、協同の途を探し出す。
12、多才で豊かな力が発揮できるように人を育てる実践を重んじる。

以上の宣言に新しい宣言を付け加えていくブックレット。

(2021 年 7 月)

はじめに

　参考までに、映画『マイケルムーアの世界侵略』に出てくる１シーンですが、フィンランド教育の取材で次のようなやり取りがあります。
　教師A「でも学校って、幸せになる方法を見つける場所じゃないの？」
　教師B「自分も他人も尊重でき、幸せになる方法を教えている」
　マイケルムーア「幸せになる方法？　教科は何を？」
　教師B「数学だよ」
　マイケルムーア「数学の教師の一番の願いが、生徒が卒業後に幸せに生きることなの？」
　教師B「そうだよ」
　マイケルムーア「数学教師で？」
　教師B「そうだよ」
また、米国からフィンランドへ移住した女性教師のことばは、次のようでした。
　(アメリカでは)「子どもたちに何にでもなれるって言ってたの。ウソなのにね。」
　(ここでは)「子どもの将来を見据え、希望に沿った内容を教えてる」
　「"好きなものになれる"ってことばにうそをかんじないの。」
　(子どもたちは)「もう夢の実現に向けて歩み出している」
　教育とは、「未熟」な子どもたちを一人前にすることと考えられてきました。近代と言われる時代には、学校を作り、学齢期に当た

る未成年に「社会が必要とする知識や技能」を教えることとなりました。人格を「完成」させて社会に出すというわけです。「完成品」を創ろうなどと、そもそもこれが大間違いだったのです。

　教育は、自律を助けること、できることなら他人の良さを見抜き、引き出し、他者を育てる仕事です。

　これは、学校の教師だけの仕事ではありません。親も自分の子を育てます。企業のマネジャーも、社員を育てます。自分を育てるのも、教育です。人間に一生つきまとう仕事です。この本は、進路に考え直している高校生、大学入学後に「ちょっと変だぞ日本の教育は」と考え始めた若者に向けて書かれています。

　「こんな自分でも、グローバルな社会に生きていけるのだろう
　　か」
でも、

　「自分は何者で、何をしたいのか」

　「自分を変えたい」
などと人間的動機を持って考え始めた皆さんに、ぜひ読んでほしいと願って書きました。

　導きの糸として本文の見出しとしたことばがあります。これは、2018年12月に99歳で亡くなった教育学者の大田堯のことばをなぞりました。彼は、筆者が教育学研究を始めるときの指導教官でした。筆者が都留文科大学に勤務することになった時、彼は学長でした。大田堯の次の学長が教育哲学者の上田薫、という関係です。さて、大田堯の教育学構想をどうしたら実現できるのか。それを、今日のグローバルな教育の視点から具体例を示しながら、論理づけていこうと思います。

目次／教育学って何だろう──受け身を捨てて自律する

教育学って何だろう

——受け身を捨てて自律する

第1章 「ひとなる」と「ウェルビーイング」

(1) 人なる

　教育学者の大田堯は、「ひとなる」ということばに注目しています。産育習俗研究を通して、あるおばあさんから、

　　「およそ子どもは、神さまからの授かりもの、その子の生命に
　　そうて、みんなの世話で、『ひとなる』もの」

と言われたそうです。「ひとなる」ということばは、岐阜、愛知、三重では最近まで広く残っていた古語です。筆者も岐阜県の山村で育ちましたから、「ひとねる」「しとなる」ということばを聞かされながら育てられました。

　　「よ〜ぅ、しとなったなぁ」

　　「こどもは、厳しくひとねなあかん」

という具合です。「ひとなる」とは「人となる」、「ひとねる」とは「人となるように育てる」と解釈されていました。

　なぜこのようなことばを教育学者の大田堯が重視しているのでしょうか。第一に、生きるということは、「それぞれの人間が生まれながらに持っている命の展開である」ということです。さらに、「成長する赤子、子ども、若者たちが生きる主体である」とも言い直せます。したがって、「教育者は一人ひとりの生き方を支援（サポート）

する存在である」ということになります。このことは、「大人が子どもの生き方を好き勝手にコントロールすべきものではない」とも言い直せるでしょう。親や教師は、自分の都合で子どもたちの成長を制限、もしくは破壊すべきではないということなのです。誰でもやっていることなので、簡単に見えますが、これは難しいことなのです。

　岐阜県加子母の古老が子どもは「神様からの授かりもの」と表現したのは、大人たちへの戒めであったとみるべきでしょう。「畏れ」ということばに当たります。

　たとえば、中国には「助長」という故事があります。出典は『孟子』という書物にあるようです。日本式に書き下すと、

　　「宋人に其の苗の長ぜ不るを閔えて之これを揠く者有り。
　　芒芒然として帰り、其の人に謂て曰く、今日病かる。
　　予苗を助け長ぜしむ。
　　其の子趨り往きて之を視れば、苗則ち槁たり。
　　天下の苗を助けて長ぜ不らしむ者寡し。」

となります。バカな者(宋人)が稲の苗がよく育つようにひっぱったところ、根が切れて枯れてしまった。「成長するように助けた」つもりだったが、知恵が足りなくて逆効果を生むことになってしまったというのです。世の中には、しなくてよい、やってはいけないことを堂々と行う知恵のない「教育者」がなんと多いことか、という『孟子』の説教なのです。ところがこのような故事が言い伝えられたということは、事実は逆だったからです。「未熟者を助けて成長させる」というように肯定的に捉えるという、皮肉のような世界があるわけです。

　たとえ子どもであっても親とは違う人間です。「人間は一人ひとり違って生まれてくる」、まずこのことを第一原理として認めましょ

う。

　一人ひとりがそれなりに自分を発揮していけば、人間としての共通部分も育つとともに、一人ひとりの違いもより明確になっていくはずです。この違いを、皆さんは良いことだと考えますか、それとも悪いことだと考えますか。顔を突き合わせる「地域(コミュニティ)」という単位で考えれば、人間が多様だということは肌で感じることができます。「国家(国民国家、民族国家)」という単位で考えれば、愛国心や共通利害意識、共通文化を体現すべきだと「幻想」を追い求めがちになります。グローバルな単位になると、国の利害が衝突しますから、社会には多様性が、個人には個性が重視されることになるのです。

　『孟子』の逸話は紀元前4世紀の話、大田堯が古老から話を聞いたのは1960〜1970年あたりのことです。一人ひとりの内には伸びようとする力があるのに、大人がその芽を摘んでしまうのはなぜでしょうか。人が社会を創れば、その社会を維持するために「人を支配する仕組み」「人間を管理する思想」が作られていくということになります。

　グローバルな社会は、地域や国という単位を乗り越えていきますから、教育の目的は個々人が自立できるように支援することになり、一人ひとりが自立するためには自分で生きていこうと自律する力が必要となります。西欧民主主義社会で、幼児期からずっと自己評価の習慣をつけるように親も教師も促すのは、そのためです。

　子どもも大人も、うまくいかない時には、困っている自分に気づいています。その時、他人が追い打ちをかけるように非難したり、叱ったりすれば、あらぬ方向に事態は進みます。学びのモチベーションに対してはポジティブに応じる、できるだけ誉める。これが原則です。よい評価を得ることよりも困難なことに立ち向かっ

たということは、失敗を恐れなかったということです。きっと予期しなかったことを学んでいます。

(2) being

UNESCO（ユネスコ）が先進国の新しい教育を構想した 1972 年の報告書には、『*Learning to be*』というタイトルが付けられていました。書名となった to be は訳しにくいことばです。ちなみにこの書は、日本語では『未来の学習』という名が付けられています。

to be とは「存在すること」「存在しようとすること」という意味になります。学校教育に照らして考えれば、「現在を犠牲にして未来に役立つことを学ぶ」のではなく、「今を生きる」「今という時代と社会を生きる」というニュアンスが強く、自己変革や学習それ自体に意義を見いだして自ら意欲的に学ぶ立場に身を置くことだと考えられます。

シェークスピアの『ハムレット』には、To be or not to be, that is the question. という有名な台詞があります。これまで日本では、文学者によってさまざまに訳されてきました。演出家の小田島雄志は、

> 「このままでいいのか、いけないのか、それが問題だ。どちらが立派な生き方か、気まぐれな運命が放つ矢弾にじっと耐え忍ぶのと、怒涛のように打ち寄せる苦難に刃向い、勇敢に戦って相共に果てるのと。……」（シェークスピア（1983）110）

と訳しています。素晴らしい訳だと思いませんか。

learning to do とか learning to have では、学習には何らかの成果が期待されているという表現です。to be とは、ただ「生存している」「生きている」というだけではなく、学ぶ者「本人の人としての在り方」が問われているということになります。一人ひとりの人間が「外

に向かってどれだけの成果を出すか」ではなく、自分そのもののあり方、「人間として、社会の主体として」生き方が問われているということになります。餌が食べたいという動機は動物でも持ちます。しかし、腹の足しにもならないことをあれこれ考える動機は、人間だからこそ持つ人間的動機です。

　leraning to be を強いて意訳すれば、「『人としてふさわしく生きていく』ことを学ぶ」ことです。教育学者の大田堯が聞き取った古老のことばを使えば、『人なる学び』と言えるのでしょうか。そして、この「人としてふさわしい状態」を実感しつつあることこそ、well-being（幸福感）と呼べるものなのです。

　グローバル化の過程で、国民教育制度が貿易障壁になることが判明しました。国家や民族の利益を優先する考えは、1995 年に発効されている WTO（世界貿易機関）と GATS（サービスの貿易に関する一般協定）にとって害になると判断されています。たとえば、民族文化に浸ることや愛国心・祖国愛は、国境を越える思想にはなりません。国境紛争では、立場が違えば結論も違います。「人としてふさわしいか」という問いには、社会集団によって異なる答えが用意されています。大統領が率先して「America First」と主張する国もあります。これさえも、第一次世界大戦と第二次世界大戦の間に、米国において「the America First Committee」という委員会が提唱したもので、作られた意識なのです。思想は異なりますが、今日では、「Black Lives Matter」という運動も起きています。

　人間は偏見を持って生まれてくるわけではありません。ネオリベラリズムの時代には unlearning という用語が使われるようになっています。これは、自分の今のあり方 to be を変える「学び直し」を意味します。今までの自分がおかしいと思ったら、つまり今まで学んだ知識構造を組み直す必要が生じた時には、邪魔になる古い学びを

捨ててリセットすることになります。このことは、人間精神の「進歩」を基調にした伝統的な「発達論」、ヒューマニズムという人間第一主義を唱えたルネサンス以後の人間のあり方、いわゆる西欧文明に疑問を投げかけることになります。

　国民という枠を越えて一人ひとりの個人の自律を目指す教育へと、このような原理転換は、1970年頃にUNESCOという国際機関では起きていたのです。冷戦構造の西側にある欧米諸国では、個人主義が強く、小・中・高のいわゆる初等教育、中等教育では違和感なく教育の原理転換が浸透していきました。

(3) 子どもは自ら育つ

　人間は、一般的に言えば、自ら活動し、自ら知識を構成し、育つ力を持って生まれてきます。動物は外部世界の変化に即座に反応することはできますが、人間は、知恵で以て対処します。このことは、認知心理学の世界では30〜40年前にはっきりと解明されています。

　学校の教師とは教科の知識を教えるものだと、私たちは思っています。しかし、誰にいつどのような知識をどの範囲で教えるかは、決めなくてはならないとしても、確かな根拠はありません。ましてや、目の前に見て相手の反応が把握できる親や教師ならともかく、「外部者」と言えるその場にいない人には判断のしようもありません。しかも、学校の教科書のように、10年も前のうちに決めておくということは困難極まりないことです。今生きて、これからも生きていく自分を、過去における他人の経験、自分ではない大勢の他人に関する統計的処理に委ねてしまうということになります。「今までうまくいった」「皆がこうやっている」という判断は、せいぜいのところ過去50年くらいの狭い世界の歴史しか思い当たらないも

のです。

　同一の英語教科書を同じように教師が教え、繰り返し繰り返し生徒が覚えたとしても、テストの得点は人によって違い、同一ではありません。しかも、英語のテストはよかったのにまるで使いものにならない、と日本人のほぼ誰もが経験していることです。

　教育学者の大田堯は、正解を教える教育、答えをそのままそっくり覚える学習という授業を批判しました。彼は、問いと答えの「間」に教育と学習の本質があると見ていました。大田は面白い説明をしています。所要時間をたずねた旅人に、鍛冶屋は「じろりと見るばかりで答えてくれない」。旅人は諦めて歩き始めたところ、その鍛冶屋が追いかけてきて「二時間はかかりますぜ」と答えたという。旅人は鍛冶屋に向けて、「もっと早く答えてくれればよかったのに」と不満を述べます。これは、ジュール・ルナール (Jules Renard) の『道をたずねる』という小説のエピソードだそうです。（大田堯 (1965)）目的地は分かっている、しかし、職人肌の鍛冶屋は、「どんな歩き方でどれぐらいかかるかを考えなければならない」のに、即答できないでしょうと旅人に説明したというのです。では、鍛冶屋は「標準時間では一時間半ですよ」と答えればよかったのでしょうか。

　教育哲学者の上田薫は、第二次世界大戦敗戦直後に文部省にあって日本の学校の教科に社会科を導入しました。新しい日本では、一人ひとりが民主主義の担い手として自分で考えて自律していくべきだと判断したからです。彼は、小学校社会科をデザインしました。この神髄は、教師の役割を語る次のような、彼の味わい深いことばによく現れています。

　　「教師はともすれば語りすぎる。子どもにもたえず読ませ、話
　　させ、しごとをさせようとする。子どもが聞かず語らず、しか
　　も目に見えてはなにごともしようとしない瞬間を教師はむだと

感じ、極力排除しようとするのである。教師はその空白をうず
めるために矢つぎばやに語り、子どもを追いたてる。あたかも
かみ砕くひまもないように食物をひなの口につぎこむ性急な親
鳥のように。

　しかし……ことばと作業でうずまった授業は子どもの表皮に
触れるのみである。ある発言が人びとに深くひびけばひびくほ
ど、それに対する正当な反応が出るためには長い時間を必要と
する。人びとはその発言を自分の考えと対決させ、そこから応
ずべき意見をしぼり出すからである。おそらくそこには一種の
静寂がある。すなわち沈黙と静止とがある。いわばこの『間』
こそ、静寂のうちにおそるべき激動をひそめるものである。全
能力を活動させて対象ととりくむ、もっとも個性的かつ創造的
なたたかいが、そこにある。

　思考は多くの場合沈黙のなかでおこなわれる。」(上田薫 (1964)
109)
子どもが考える「間」を上手にとり、相手が育つ機会を与えてじっ
と待つことができるのが、すぐれた教師なのであると二人の教育学
者が言っていっているわけです。上田薫の教育哲学は、日本の教育
学を極めて高いレベルで支えました。

　「考えるということは迷うことである。思考とは新しい関係づ
けであるが、それは決してすらすらとレールの上を流れるよう
にいくものではないのである。それは発見であり、断絶矛盾の
克服である。今までつながっていなかったところを新たにつな
ぐということなのである。教師はその関係づけをリードするか
もしれない。しかし教師にできたと同じように、子どもにもで
きるというものではないのである。教師の関係づけと子どもの
それとは明らかにちがう。関係はそこだけにあるのではないか

らである。……子どもは決してそっくりまねをすることができ
ない。そこに試行錯誤がある。迷いがあるのである。」(上田薫
(1973) 159)

「わざと重要なことを教えないでおくということの意味の深さ
を理解できる人がどれだけいるであろう。教師の口から教えな
いということは、……たいせつでたいせつでならないから、子
どもがみずから個性的にそこにたどりつくのをじっと待つとい
うことが、そこにはある。ほんとうのところ、その内容はむり
やり教えこんでなんとかなるような浅いものではないというこ
となのである。はっきり言えば、子どもにわかるということが、
その授業時間中にさっそく成り立つはずと思っているうぬぼれ
がそもそも度しがたいのである。」(上田薫 (1972) 98)

人間は一人ひとりが違っていて、違った学びをするものだというこ
とは、複数の子どもを育てた親なら、また経験豊かなプロの教師
なら気づいています。

フィンランドでは、親も教師も教えるより先に、「ミクシ(なぜ)」
と子どもにたずねます。自分の考えをことばにする時間をとり、自
分の考えを自覚する、そうすれば自分で自分を変える力も生まれて
きます。

クラス全員が同じ知識を持っているわけではありません。生活や
経験が違えば、また生きる目的や価値観が違えば、その人が作り上
げる知識の中身(コンテンツ)もまた異なるのです。覚えるべき知識
を限定して学校で教え、学校で教えたことだけをテストするという
仕組みがあるから、人間共通の知識があるように思い込んでいるだ
けなのです。自分で考えることを面倒がり、「正解」を覚えようと
する人まで出てくるわけです。

教育心理学者の波多野誼余夫と稲垣佳世子は、文化が人間の学習

12

に援助を与え、学習の準備を行っている、なかでも「最良の学習環境としての他者」と表現しながら、

　「特に重要なのは、人間は機械に比べずっと柔軟で、学び手の必要に応じて最小限の援助だけを与えることができる」(稲垣佳世子、波多野誼余夫 (1989) 118)

と指摘しています。「最小限の援助だけを与えることができる」ということばは、実に深い示唆だと思います。

(4) 教えないで教える教師

　ここで重要なのは、人間の言語と文化です。考えることは、言語がなくても可能です。しかし、言語と出会うと人間の思考は飛躍的に発展し、人間の活動の成果は言語などの記号を用いて文化として社会のなかに蓄積されます。そうすると、個体が環境の変化に即応する動物と違って、人間同士が連絡を取り合い、文化を用いて、社会や環境まで変化させようという思想を持ち、政府を創り、実際に変えていきます。そこでまた、問題が起きます。

　教育学者の大田堯は、「教育は、教えないで教える」と表現されるような「アート」なのだと主張していました。(大田堯、山本昌知 (2016) 73)

　まず一人ひとりは、異なって生まれ、育ちます。しかも、大田堯は、一人ひとりの生命は自らを変えながら生きようとする、学びながら成長しようとする「根元的自発性」を持っていると指摘しました。

　逆に言えば、一人ひとりの人間は自発性を持っているので、本人が「その気」にならないかぎり「どうにもならない」ということになると大田は考えました。

　「その子がどういう方向に行くかは、その子がその気にならな

い限りわかりません。」(大田尭、山本昌知 (2016) 81-82)

ということで、一人ひとりの生き方を認めようとするならば、一人ひとりの違いを潰さないように教育者は特別な注意を払う必要があります。人間として持つべき共通部分とともに、個性もまた花開くように働きかけるということです。

強制すると相手はたいてい「その気」にはならない。このような経験を私たち誰もがしています。親が子に、教師が生徒に、会社のマネジャーが部下に対して、しょっちゅう経験することです。

そこで、教育者の仕事は、その子どもが持つ「子どもの表現」を引き出すこと、「子どもの心の芯からの興味関心」につながる自己表現を実現することになる、と大田尭は言うのです。

この表現とは、

「直接人や物に触れる経験を通して、知性に加えて、センス・感性や創造力を含んで、自分を創ることそのもの」(大田尭、山本昌知 (2016) 79-80)

だと大田尭は言います。「自分を創る」ことだと。

また、それは、「自己の表現を通して、他者との関係をつくり、自分を知る」ことでもある。そのためには、「五感と五感で教師と子どもがひびきあい、それを分かちあうこと」が、「今とても大事」になっていると、大田尭は指摘しています。

しかも、「これは並大抵ではありません」とも言いながら、「親も教師も教育熱心」であったとしても子どもの「自己表現を途絶させられる」ことにもなれば「教育が非常に危険なもの」にもなるとさえ強調しています。(大田尭、山本昌知 (2016) 81)

教育の行き着く先は、本人の自律なのです。教育熱心であっても、子どもや生徒の自律を妨げようとする大人たちの「熱意」は困ったものです。

(5) とりあえず「なぜ」

　フィンランドでは親も教師も子どもたちに「なぜ（ミクシ）」といつも問いかけます、と書きました。日本の子育てもそんな風に変えてみたら、今頃私たちはどうなっていると思いますか。

　親が子に絵本を読みながら「ウサギさんはこの時何を考えたと思う」と問いかけたり、幼稚園・保育園で「なぜそんなこと考えたの」と話しかけたりすれば、日本でもずっと考える力が育ちます。「うるさい、黙ってろ」とは言わずに、「何がしたいの」「なぜそうしたいの」と問いかけ、「それは今できないねぇ」と嚙んで含めるように説得してみれば、子どもはもっと伸びると思います。

　街でよく見かける姿ですが、子どもが興味津々、あちこちをのぞきながら歩いています。すると、「なにぼやぼやしてるんだ」「おいていくよ」「もう知らないからね」ということばを投げかける親が少なからずいます。「何見つけたの」と親も立ち止まればいいのです。子どもを連れて外出するとは、それだけ時間のかかることなのです。

　「いいか、分かったか。これテストに出るぞ」と教え込むのではなく、もし教師が生徒に向かって「なぜそうなると思いますか」「他に考えられませんか」「この知識を知っていたらどこが良くなりますか」などと会話を始めたら、授業はもっと面白くなるでしょう。もちろん、生徒が考える授業をしたのなら、生徒が考えたことを調べるテストをその教師が作らないといけません。もっとも、わざわざテストしなくても、その場で「よく考えたね」と評価すれば十分です。

　親が子どもに対して、教師が生徒に対して、「その気にさせる」「やる気を起こさせる」ように働きかけ、相手の人生作りをサポートできれば、また社会がそれを個性ある自分作りを許せば、一人ひとり

が自ら生きていこうとするでしょう。「学習社会」と言われること
もありますが、一人ひとりの学びが尊重される社会のことを指しま
す。

　教師の仕事とは、正解と見なされる教科の知識を教えることでは
なく、文化遺産の学習を通して一人ひとりを教養ある人間として育
てることだと考えるべきでしょう。

（6）異なる生き方が許される社会

　先進諸国、とりわけヨーロッパ諸国は 1970 年代から 30 年ほどか
けて、教育の考え方を社会全体で大きく変えてきました。学校教育
制度だけではありません、教師や親の考え方、そして社会を運営す
るルールに至るまで変化が起きています。なぜ 1970 年かと考えて
みれば、後期中等教育（日米では 15 歳後、ヨーロッパでは 16 歳後）が一
部の者から同一年齢の 80％ 以上が関与するまでに急拡大して、教
育制度設計を再構成する必要が出てきたからです。

　この変化の流れを創ったのは国際機関のユネスコの長い歴史でし
た。『児童の権利に関する宣言』は、1924 年に当時の国際連盟にて
採択されています。この頃、日本では大正自由教育が起きていま
した。第二次世界大戦後の 1959 年には、先の宣言が拡張されます。
その 10 周年記念を議論していたユネスコ総会で、1968 年 10 月のこ
とですが、1970 年を国連「国際教育年」とすることが提案されました。
国際教育年の翌 1971 年にユネスコは、教育制度の抜本的な改革を
行う目的で、「教育開発国際委員会」を発足させます。委員長はフ
ランスの元教育大臣エドガー・フォールが担当しました。この報告
書が『*Learning to be*（*Apprendre à être*、未来の学習）』（1972 年）、委員長の功績
を讃えて『フォール報告』とも呼びます。learning for future でもなく、

learning for your life でもなく、よくぞ to be と表現したと感動しませんか。

その後の国際的な教育、社会、経済、行政などの変化を振り返ってみると、この『*Learning to be*』は教育理念展開の明確な「一里塚」、教育解釈の転換点となりました。

報告書『*Learning to be*』で確認されていることは、まず第一に、デモクラシー（民主主義）と社会参加の重要性です。デモクラシーは「人間が機械の奴隷となることを防ぐ唯一の方法」であり、「人間の尊厳性と両立しうるただ一つの条件」であるので、「強力な支持を民主主義に与えなければならない」と、報告書は述べています。さらに、今やデモクラシーは、責任分担と決定に「市民を参加させる」ものでなければならない。この目的に関連した教育的要請には、できる限り支持が与えられなくてはならない。なぜならば、「教育における極端な不平等が作り出した階級の差別がある限り、それらの階級間に民主的な平等関係はあり得ないし、将来もあり得ない」からである、と述べています。

人間の自律とは、一人ひとりが生きる展望を持ち生きようとするところから発します。「機械の奴隷」どころか「組織の奴隷」になったり、回りに動かされるまま、責任もとらず好き勝手にするということではないのです。人間が人間らしく生きるには、デモクラシーが重要だということです。

(7) 平等から公正へ

デモクラシーとカタカナにしましたが、漢字にすると世界の人々とは異なる文化で解釈してしまいがちです。日本人は、民主主義と聞けば、「多数決で決めることだ」と解釈し、一人ひとりが意見を言っ

ても無駄だと判断しがちです。平等と聞けば、「誰もが同じ条件を」
と、解釈しがちです。でも、弱者にとっても強者にとっても、一律
に設定された社会的条件は十分に使えません。このことは、伝統的
な一斉授業をうけている生徒の立場に立ってみれば、分かりやすい
と思います。

　一人ひとりが自ら学ぶべきだという考えを裏打ちするように、報
告書『*Learning to be*』は「教育の平等」論の再解釈を試みています。下
記のような微妙な言い回しですが、「すべての者に対する機会均等」
とは、「すべての者を同様に扱うこと」を意味するのではなく、「各
個人が、自分の特性に適合した速度と方法で、適切な教育を受ける」
ことを保証することだ、と報告書『*Learning to be*』は言うのです。こ
の意味することは何でしょうか。そこには、

> 「すべての者に対する機会均等とは、多くの人々が今日依然と
> して考えているような、名目上の平等 (nominal equality)、つまり、
> すべての者を同一に扱うことを意味しているのではない。それ
> は、各個人が、自分の特性に適合した速度と方法で、適切な教
> 育を受ける (receive a suitable education at a pace and through methods adapted
> to his particular person) ことを確実にすることを意味する。」(Faure
> (1972) 75、教育開発国際委員会 (1975) 105)

と書かれています。英文を読むとはっきりしますが、equal ないし
equality の解釈をめぐって、1970 年代に国際機関で論じられていた
のです。その意味は、以下のような表現とともに考えればよく理解
できます。報告書『*Learning to be*』の結び部分では、著名人の発言を
次のように引用しているのです。

> 「教育はもはやエリートの特権でもなく、ある特定の年齢に付
> 随したものでもなくなっていて、社会の全体を、また個人の全
> 生涯を、包含する方向へとますます広がっていきつつある。」

と、エリート以外の大衆に教育が拡大することを望んでいます。こ
れが、平等解釈の実態です。と同時に、

> 「未来の学校は、教育の客体（the object of education）を、自己自
> 身の教育を行う主体（the subject of his own education）にしなければ
> ならない。教育に従事する人間は自らを教育する人間（the man
> educating himself）になり、他者への教育（education of others）は自己自
> 身の教育（the education of oneself）へとならなければならない。この
> 根本的な変革こそ、将来数十年にわたる科学・技術革新時代に
> 際して教育が直面する最も困難な問題である。」

> 「今日では、教授という伝統的な教育学原理から、教授と学習
> という『正しい』原理（the "mathetic" principle of instruction and learning）
> へと重点は移る。」（Faure（1972）160-161、教育開発国際委員会
> （1975）191）

と述べて、非エリートの人たちには教育が受け身になってきたこと
を認め、それを転換しようと提案しているのです。報告書に紹介
されている発言には、「教育の客体」が「自己教育の主体」に転換し、
成長するという弁証法的な「教授＝学習理論」が展開されています。
「他者への教育」が同時にまた「自分への教育（自己自身の教育）」にも
なるという弁証法も示されています。このような引用からも、報告
書『Learning to be』には教育と学習の関係もまた新しく組み換えよう
とする、ユネスコの並々ならぬ意欲的な立場がうかがえるでしょう。
ある著名人の発言を引用しながら、報告書は次のように結論づけま
した。

> 「社会と学校との関係そのものが変わりつつある。教育に対し
> てこのような位置を与え、地位を委ねた社会形態には、学習社
> 会というふさわしい名称を与えねばならない。」

> 「全ての市民が、学習と訓練と自己開発を自由に行える手段を

どのような環境の下でも自ら入手できなければならないことを意味する。そのような結果として、市民の全てが自分の教育に関して、従来とは根本的に異なった位置に置かれることになるであろう。」

　したがって、この「教育の平等」論の再解釈とは、平等思想の放棄ではなく、平等論の徹底と考えるべきでしょう。全ての人間、一人ひとりの人間が、例外なく、その人なりの出番を持って、社会に主体者として参加しながら自己実現していく長期的過程として教育を捉えるべきだという哲学が提起されているわけです。このことは、今では「equality から equity への転換」と表現されています。

　「平等」と言うと、日本人の場合、同じことをすることと考えがちです。差別とは、「本人の責任でもないことで不利益を受けない」ことと解釈すれば、人それぞれが自分の責任で異なる人生を選び取っていくこともまた許容されるわけです。

　一人ひとりが違ってよいという原則と、平等という原則を同時に成り立たせるには、それぞれにふさわしい扱いを誰もが受け取るという、いわゆる「公正 (equity)」の原則に転換しようということです。これが、今から 50 年前の話なのです。そして、現在では、日本でも「高等教育の無償化」が政治課題になり、世界は「生涯学習」と「転職」の時代に入っています。明らかに、UNESCO は時代の先を読み、国際的な教育と文化をリードしたのです。

第2章　一人ひとりちがう

　近代の国家、いわゆる国民国家は、「国民」とか「市民」という人間のある一つの型を学校教育で教えようとしました。教育は内政として国際的には理解されましたので、それぞれの国で異なる知識や技能を教えても国際的には許されました。どの国も「愛国心」とか「祖国愛」を教えて、自国が最も良い国で、自国にとってふさわしい生き方が学校で教えられるのが当然視されました。

　学習指導要領とかナショナルカリキュラムと呼ばれる「標準（スタンダード）」が国家によって、連邦国家では州によって決定されるのが普通でした。この「標準」に基づいてカリキュラムと呼ぶ教科と教育課程が編成され、教科書が書かれます。教科書の書かれたことを正しい知識として覚えるコンテンツ・ベースの教育が成立しました。教育の成果は、この標準の枠内で、極端に言えば教科書の枠内で評価されたわけです。国によっては教科書内容を厳しく管理したり、行政による授業観察を行いました。

　教育は、その土地の文化を反映するものだとも言われていました。法的に国が決めた「標準」、その地域で続けられてきた子育ての「標準」もあります。「子どもはこんな風に育つものだ」というわけです。こうして成立した教育制度を国民教育制度とか、伝統的教育と呼んでいます。

　結果的にこの標準の理解が足りない者は、「落ちこぼれ」とか「落ちこぼし」といつしか呼ばれるようになりました。学校教育のペースにしたがって「標準」通りに能力を習得できない者は、「発達障害」とも呼ばれることになりました。

　さて、この「標準」を変えたらどういうことになると思いますか。そもそも、国や地域の文化ごとに「標準」が異なっていてよいのでしょうか、それとも異なっているべきなのでしょうか。

　最初の学校は、能力の異なる異年齢の子どもたちが集まるワン・スクール・ワン・ティーチャーでした。ちょうど江戸時代の寺子屋のようなものです。やがて、年齢ごとに学年制がとられ、1学級に1人の教師が配置されるようになりました。日本の義務教育では子どもたちは「平等」に扱われますから、4月1日までに満6歳になった子どもが全員学校に通います。4月1日と4月2日のたった一日で、一年も異なる教育メニューが強制されます。冷静に考えてみれば、これは人為的な暴挙以外の何物でもありません。世界には落第のある国もあるのですが、日本の義務教育では落第はまずありません。そこで、子どもたちの生活実態やや生徒の出来具合にかかわらず、膨大なカリキュラム・メニュー通りの計画的な授業を進行させざるを得ません。すべての子どもたちに一斉に教えれば、同様の能力が一斉に身につくという前提で、教科書で指定された知識や技能を順々に習得させるというコンテンツ・ベースの教育が成り立っています。そんなことはあり得ないと、ほとんどすべての日本人は知っているのですが、学校の先生は一斉に同じことを学ぶことを子どもたちに要請します。では、そうでない教育学はあり得るのでしょうか。

（1）人は自ら知ろうとする

　人間は、物心がつくと、自ら知ろうとするものです。まず、何か
を知りたいという意欲が湧いてきて、何だろう、どうなっているの
だろう、なぜそうなるのだろうと探究活動を始めます。「そうだっ
たのか」「わかったぞ」「なるほどなぁ」と論理的、合理的に論理づけ
られるという認知的プロセスと、「これはなかなかいいなぁ」「おも
しろいぞ」「やったぜ」「うれしい」という満足感や、「胸にストンと
落ちる」しっくり感という非認知的プロセスとがあります。このよ
うなプロセスを踏んで、「知識とは自ら作り出していくもの」とい
う見解を、構成主義（constructivism）と呼んでいます。

　構成主義的見解は、現在の北米の心理学界とか言語学では主流で
す。また、硬直した公教育制度を批判し、教育改革を唱える人々に
は、多かれ少なかれこの構成主義の考え方が浸透しています。1980
年代以降のネオリベラリズム、なかでも国際生徒調査 PISA（ピザ）
など各種の国際的教育評価を行っている OECD の CERI（教育研究イ
ノベーションセンター）は構成主義の立場に立っています。

　構成主義の立場に立てば、知識は、一人ひとりの探究プロセス、
いわゆる経験によって異なってくることになります。「みんなちがっ
て、みんないい」というような、多様性を認めることが社会的な根
本原則なのです。違っているとは、全部違っているという意味では
なく、同じ部分もあるということです。同じ部分があるから、他者
の考えを理解でき、他者と協働もできるわけです。

　真実とか事実と呼ばれる事柄は、人間が五感を研ぎ澄ましてじっ
と見れば捉えられるのでしょうか。かつては、対象が物理的な刺激
を発しており、それを五感が受け止めれば、対象を間違いなく正確
に捉えることができる、つまり知ることができると考えられていま

した。知ることとは、雑音、雑念といった不純物を排除して純粋に、虚心になって受け止めれば可能だという認識論です。

普通では聞こえない音を聞いたり、見えないものを見るには、人は道具を使います。聴診器とか、電子顕微鏡などがこの道具に当たります。これは、五感の拡大に当たります。

有名なガリレオは、見たいと思って宇宙に望遠鏡を向けました。今日では、地球規模の巨大な電波望遠鏡で観測し、コンピュータで解析してブラックホールの存在を突き止めています。レーダーやレントゲンは、知りたい者が電磁波を発して事実を探る装置です。近くとは、単なる受け身ではないのです。そして、五感の延長は、バーチャルな世界を開拓していくことになります。

物質の構造や、物質が変化する法則を捉えるには、人はモデルとか概念を使います。重さ、長さ、距離、速度、加速度、質量、エネルギー、放射能といった概念、環境、生態系といった概念、民族、人種、差別、平等、自由、平和といった概念もあります。自然や社会を捉える概念の体系を概念装置とか、認識枠とか、世界観とか、イデオロギー、マインドセットなどと呼んでいます。概念装置が異なれば、体系立った学問とか科学もまた異なり、世界も違って見えてきます。

つまり、知るという行為は、知ろうとする意欲や動機があり、合理的な認識プロセスを経て、知ったことを既存の認識構造に統合したり構造そのものを修正するという評価のプロセスまで含みます。つまり、第一に認知行為は非認知的行為とつながっていることと、第二に多数の知識はそのまま積み上がっていくのではなく、意味の構造の中に整理整理され古い知識と統合され理解されます。知識の構成とは、このような複雑なプロセスのことを言います。

1960年頃の話だと思われますが、教育学者大田堯の息子が、家

で三権分立に関して勉強していました。そんな姿を「中学生ともなると」と微笑ましいと思ったか、頼もしいと思ったのか、大田堯はついつい口を出してしまいました。

「三権分立とはなんだ」

「司法、立法、行政」

「それではいったい、司法、立法、行政が分立するというのだが、それはどういう関係にあるということなのだ」

「お父さん、そういうのは試験に出ないんだよ」

　大田堯は、これは「教育の危機」だと考えました。人間は、「自問、他問にかかわらず、問いに直面して、それに対する過程で、ああも考え、こうも考える、いろいろ曲がりくねって考えた末に答えを出す」、「そういう問いと答えの間を曲がりくねって考え抜いていく過程、その間で人間は発達をとげる」(強調は大田)、と言っています。

　この「曲がりくねって考え抜く」という活動を、現代では「リフレクション」と言っています。それなくしては人間へと発達できない、とまで大田は深刻に考えたわけです。

「一言にいえば、問いと答えの間の複雑なまた多様な道行きのなかで人間は初めて成長し、発達を遂げるということができるのではないだろうか」(大田堯 (1965) 172-173)

とも言い換えています。この「複雑なまた多様な道行き」を実行することが「教育と学習との本質」であり、教師は、「いわば、問いと答えの間との間に勝負をかけているといってもいい」「そこに教師の専門性というものが含まれている」と指摘しています。

　フィンランドの親は、本の「読み語り」をしながら、「ミクシ(どうしてかしら)」とよく問いかけます。教師もまた、教室で生徒が答えを発表すると「ミクシ(なぜそうなるの)」と聞き返します。親も、教師も、クラスメートさえも、ともに教育者なのです。そういう社会

を「学習社会」と呼びます。クイズ番組に明け暮れている日本とは
違います。

1959年のこと、動機づけの研究を行っていたハーバード大学の
心理学者ロバート・ホワイト（Robert W. White）は、人間がなぜ行動を
起こすのか、それは従来の動機とか達成感だけでは説明できないと
いう結論に達します。人間の動機には、人間特有の精神的価値、人
生への理想などといった「動機づけの理念(motivation idea)」（White（1959）
297、ホワイト（2015）ii）が加わって、動物とは異なったものになって
いるのではないか。これを作り出すものは、人間と環境との相互関
係であろう、とホワイトは考えました。この人間と環境との相互関
係、ならびに人間の抱く感情を統合した能力こそが、人間の行動能
力を把握する新しい概念であると考えました。何かをしてみようと
すること、何かをやりながらその行為に必要な力を特定し・探し・
準備し・使ってみる力、その何かをやり遂げていく力、それらを総
合してコンピテンスと呼ぶのが適切であろうとホワイトは判断した
わけです。

ロバート・ホワイトは、人間の動機は動物の動機とは違うと、
1959年にすでに指摘をしていたのです。ところが、「学習」心理学は、
もっぱらネズミやウサギの実験をもとに、人間の「学習」を説明し
続けました。筆者が1970年に大学に入学したときにも、教育学の
授業では動物実験から人間の学習が説明されていました。たとえば
水族館でイルカに芸を教え込むとき、「指示（笛を吹いたり手の動作で）
→（刺激に対応する）芸→エサ」という訓練を何度も何度も繰り返して
「条件付け」を成立させます。これをオペラント条件付けと呼びま
すが、心理学者のスキナーは、人間も同じような方法で学習させる
ことができると考えました。

20年後になって筆者は、その道の権威から、

「ただ『学習』といったときに、それが人間の学習を指すのだと
いう共通理解は、心理学者の間では最近やっと固まってきたと
いえる程度なのである。」(稲垣佳世子 (1989) 11)
と知ることになるのですが、なんとも悔しい思いをしているのです。

　人は自ら知ろうとする、そのような人間的動機を持てるような学
習機会を保障する教育への歴史的な転換は、教育行政も巻き込んで
1990 年代に始まり、2000 年を過ぎたあたりに先進諸国では明確な
形になっています。この変化を図示すれば、**図 1** のようになりま
す。振り返ってみれば、人間の壁を壊したのは西欧社会に流入した
ヴィゴツキー (Lev Semenovich Vygotsky) 理論 (社会構成主義) と、ネオリ

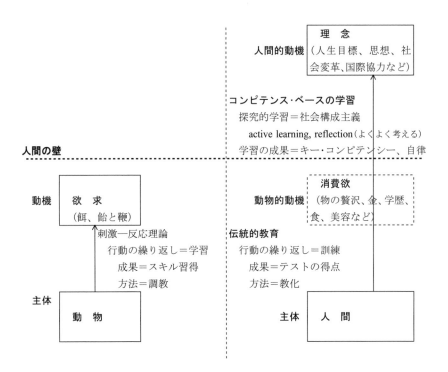

図 1

ベラルと呼ばれるグローバルな学習理論だったと筆者は考えています。日本では1999年の学習指導要領改訂がありましたが、すぐに「ゆとり教育」として取り消されます。2020年にはセンター入試を廃止して大学入試改革が予定されていましたが、行き詰まっています。

(2) 義務教育から基礎教育へ、自己教育と生涯学習へ

　ユネスコの報告書『*Learning to be*』(1972年) は生涯学習社会を提唱しました。

　科学技術時代には、知識が絶えず修正されイノベーション (革新) が継続される。そこで、自己学習の機能を拡大し、知識習得に対する積極的・意欲的態度の価値を高め、自ら考えることに基盤を置く教育の威信がどんどん高まっている。これは、「生涯教育」と「生涯学習」によって保障される、と報告書は説明します。

　同時にまた、この報告書が「学習社会」という概念を用いたことで、「生涯教育」から「生涯学習」へと用語の転換が起きました。教えるという大人の立場よりも、学ぶ者の主体性をより強調するように概念転換が起きたのです。

　生涯学習の概念は、「義務教育」を「基礎教育」ということばに置き換え、「学齢期」という概念を消失させます。「学校を終えて社会に出る」「卒業」ということばもまた意味をなさなくなります。かつて学校は、子どもたちを児童労働から保護し、地域社会とのつながりを切って理想的な教育環境を整備し、地域を越えた国家規模の能力育成を教育目的として建設されました。つまり、社会に出て働く前の準備を完了するという、フロントエンド・タイプとしてとらえられていました。

　しかし、赤ちゃんだって自分で学んでいます。大人だって働き

ながら考え学んでいます。学齢期は何歳までとは決めがたく、「自分から自分のために学ぶことが本来の姿だろう」というように学校の意義と、教育と学習の解釈が変わるのです。区別をはっきりするために、社会が決めたことを決められた通りに学ぶことを「学修（study）」、自ら探究型の学びをすることを「学習（learning）」と筆者は呼び分けることにしています。

　「卒業までにこれだけの能力は国民として身に付けるべきだ」「皆と同じように学べない者は落ちこぼれだ」という考え方もまた、生涯学習が実現されれば意味を無くします。一人ひとりが自分から学んでいけば、学びの幅や深さやスピードもまた一人ずつ異なります。また、同じ人間でも成長時期や環境によって大きく異なっていても当然です。12歳、15歳や18歳のテストで人生すべてが決まるわけではないということです。

　言い換えれば、まず、科学・技術の急速な進展と社会変化の加速化の中で、最初身につけた能力が一生涯役立つことは保障されなくなっているわけです。学歴を得れば安全という訳ではありません。人々は常に学び続けます。そこで、教師が学習者に「教える」のではなく、学習者自身が、学校、社会生活、職場、余暇、メディアなどあらゆる教育場所で、あらゆる時に知識を吸収することになり、「社会全体が教育に関わる」「学習社会」になると報告書『Learning to be』は指摘しました。

　一人ひとりが、社会の主体、社会の主人公になり、社会は一人ひとりを民主的に結びつけサポートする「学習社会」として構想されるべきだというのです。新たな問題が生まれるとすれば、いつまでも大人になれない若者が増えることでしょうか。一人ひとりを自己評価でき、自分の人生を展望しながら学ぶような主体に育てることを学校教育の目的に定め、教科横断的なコンピテンス（知識や技能を

状況に合わせて使う能力)を育てて自律させることが、社会にとっては
必要な課題になってくるわけです。

（3）学修（study）から学習（learning）へ

　成人教育の研究者マルカム・ノールズ（Malcom S. Knowles）は、古典
的名著『成人教育の現代的実践』を書いています。1980 年の二版で
は、以下のように教育目的概念が新しくなっています。この部分は、
1970 年の初版に記述されていない課題です。研究の歴史も 10 年で
大きく進んだわけです。

　1980 年のマルカム・ノールズの指摘は、こうです。ごく最近まで、
教育心理学者たちの多くは、「教えられたことに対する子どもの反
応」ばかり研究してきた。教員養成学校では、「教師の教え方に対
する生徒の反応をどうコントロールするか」ということを教えてい
たのである。しかし、ジャン・ピアジェ（Jean Piaget）、ジェローム・
ブルーナー（Jerome Bruner）、アレン・タフ（Allen Tough）の研究に基づ
いて、「教師が何をするか」よりも「学習者の内面で何が起こってい
るのか」への注目が重視されるようになり、「自己志向学習を支援
するプロセスとしての教育」を新たに強調し、「教師の役割は自己
志向学習の援助者で自己志向学習のリソースである」と再定義する
ことになった、とマルカム・ノールズは言っています。

　伝統的な教育目的は「教養人」を生み出すことです。なぜなら、
十分な知識があればよい行いをするはずだと考えられてきたからで
す。しかし、このような教育は、知識・技術がゆっくりと変化して
いた時代には適合したかもしれません。職業は一生固定し、知的な
職業に就く者は中産階級の人たちで、学校教育はもともと特権階層
のものであった時代には、伝統的な教育がうまくフィットしたので

す。しかし、教育が労働者階級も含めて大衆化したこと、サービス
業など変化の激しい職業が生み出されてきたことで、教育は変化せ
ざるを得ません。

　マルカム・ノールズは、「教育の使命はコンピテンスある人びと、
すなわち変化する状況の下で自己の知識を適用できる人間を生み
出すこと」と定義し直されるべきだとしています。このことはいわ
ば、「すべての人間が保持しなくてはならない土台となるコンピテ
ンスが自己志向的な生涯学習に参加するコンピテンスとなること
だ」、そしてまた、「コンピテンスある人びとを生み出す方法は、適
用するコンテクストの中で知識（それに技能、理解、態度、価値、興味）
を彼らに獲得させることだ」とマルカム・ノールズは言い直してい
ます。

　社会の変化に合わせて、能力を使う場面もまた変化します。学校
で教えられる知識が使える環境は、単純なものとして限定された理
想的な社会条件として設定されています。ところが想定外の環境で
は使えないような知識内容（コンテンツ）では、変化が激しい時代に
は対応できません。そこで、学校教育のカリキュラムは、一斉授業
というコンテンツ・ベースから個別化対応ができるコンピテンス・
ベースに変換せざるを得ない、というのがマルカム・ノールズの考
えです。米国では、このようなカリキュラム転換の理論が1980年
にすでに教育界の話題になっていたということです。

　　「コンピテンシィ・モデルは、カリキュラム編成の基礎として
　　のコンテンツ伝達の対象を変え始めた。それだけでなく、マ
　　イペースの個人学習モジュール（あるいは学習パッケージ）と学習
　　契約が、授業全体を学習経験構造化モデルへと変えつつある。」
　　（Knowles（1980）19、ノールズ（2002）5）

　学習が生涯にわたるプロセスになると、学校教育は主として「探

究の技能」の開発に関わり、成人教育は主として「自己志向探究者のためのリソースと支援の提供」に関わらなくてはならない。また、「自分たちの回りの至る所に学習のリソースがある」ので、今日の教育の課題は「学習者を教育リソースに結びつける新しい方法を見つけること」だと、マルカム・ノールズは指摘しています。(Knowles (1980) 19-20、ノールズ (2002) 6)

　彼は、ホワイトヘッド (Alfred North Whitehead) の説を引きながら、個人の平均寿命が長くなり、逆に社会変動の周期 (タイムスパン) が短くなったので、現代人は一生のうちにいくつもの社会変動を経験することになり、教育を「知識伝達過程」として定義することはもはや実用的でなくなり、「生涯にわたる絶え間なき探究過程」として理解されるべきであるとしています。それゆえに、子どもにも成人にも、すべての人間にとって最も重要な学習は、「学び方を学ぶこと (learning how to learn)」であり「自己志向の探究技能」であると結論づけています。(Knowles (1980) 41、ノールズ (2002) 35)

　コンテンツ・ベースの教育は、コンセプト・ベースの教育に変わらざるを得ません。距離、速度、加速度とか、自由、権利とか、音、色、音楽、芸術といった概念をテーマに基づいて計画される授業で教師が教えたとしても、知識として理解され、技能として使える内容 (コンテンツ) は、個々の子ども、生徒、人間によって異なってよいとすれば、コンセプト・ベースの教育は成立します。

(4) 1996 年の転換

　UNESCO からの理念転換の呼びかけが 1972 年だとしても、では現実的な社会政策が転換するのはいつ頃のことでしょうか。

　EU は、1996 年を欧州生涯学習年 (European Year of Lifelong Learning) に

設定しました。

　OECD は、1996 年に政策文書『万人のための生涯学習(Lifelong Learning for All)』を教育大臣会議に提案し、1970 年から続く従来の再教育(リカレント)政策を生涯学習に転換しました。

　この違いは、どこにあると思いますか。再教育とは、一つの職業にとどまりながら、一時的に職場を離れ、学校に行って、自分が続けている労働の質を高めることです。生涯学習とは、職場を退職し、新しい職業専門性を学び直すことです。福祉社会では、失業手当を受けながら、授業料無料の学校に入学できます。イノベーションを興そうとする企業にとっても、新しい能力を身に付けようとする労働者にとっても、生涯学習制度は意味があるわけです。古い労働を守っているだけでは職業は維持できないからです。

　さらに、OECD は、知識基盤経済論を提起し、1996 年には政策文書『知識基盤経済(Knowledge-Based Economy)』を発行します。この中で、知識を know what, know why, know how, know who という 4 側面からとらえようとしました。個人が日常的な生活の中で構成していく、いわゆる暗黙知(tacit knowledge)も知識として考慮されています。現実社会には分からないことがいっぱいあって、誰もが迷うわけです。know who とは素晴らしい観点だと思いませんか。誰が知っているだろう、誰に聞けばヒントが得られるのか、生徒が教師を探し、立場によって答えが異なることを知り、自分の立場をはっきりさせながら答えを選んでいくわけです。ネットで学んでいるという子どもたちがすでに出現しています。見つけようとして行動しなければ、知識は学べません。残る大問題は、「この知識は正しいのか」「この知識は自分にとって意味があるのか」などを判断しなくてはならない、つまり自己評価の能力を持たなくてはならないということです。教科書に書いてあることはすべて正しい知識、知識は先生が教えて

くれる、といった「受け身の学び」を変えようということです。

　ユネスコはこの 1996 年に、1970 年の報告書『*Learning to be*』を含み込んで新たな報告書『学習、宝は内にあり (*Learning: The Treasure Within*)』をまとめ上げます。(Delors (1996)、ユネスコ「21 世紀教育国際委員会」(1997)) ここでは、「生涯の学習 (learning throughtout life)」という用語が使用されていました。学習を、learning to know, learning to do, learning to live together, learning to be と 4 つの側面でとらえていますが、それは外から与えられるものではなく、自分から学び成長することなのだというタイトルになっています。

　生涯学習制度は、西欧社会に脈々として続いてきた学術的な教育 (academic education) と職業的な訓練 (vocational training) という分岐型教育制度を最終的に統合することになるのです。

(5) 教育が国境を越える時代には教育そのものを変えなくてはならない

　先進諸国の教育改革派がここ 30 年のうちに歩いてきた道を図示してみましょう (**図 2**)。前近代の封建社会では、階級とか身分によって生まれながらに労働内容が決まっていました。近代の産業社会では、能力に応じて職業を選択しました。この労働能力を創り出すのが学校教育であると見なされたのです。

　どの国も、国民教育制度を整備して民族文化と国家利害を基礎にした「国民」を育成することになります。年数を尺度にして、社会に出るまでに一定の教育内容を誰も皆、同じことを教える学校教育制度が確立することになったのです。

　西欧中心の歴史的な動きに沿って教育の原理を整理してみると、以下のように図示できるでしょう。国民教育では、価値中立の客観的な知識の教授 (instruction) が学校の授業 (teaching) と見なされました。

生徒は、授業で教えられることを学び (study、学修し) ました。授業
内容はたいていは国によって選択され、教科書が作られていました。
第一次世界大戦の後に、戦争が国家主義によって引き起こされたこ
とを反省し、一人ひとりを民主主義の担い手に育てようとする教
育 (education) が重視され、一人ひとりの子どもの理性や人間性を引
き出す生徒中心の授業 (teaching) と、生徒が自ら学ぶ学習 (learning) が
重視されるようになりました。そのためには、教科書を解説する授
業よりも、生徒が体を動かし、協力し合ってものを作ったり、テー
マを決めて探究し、自らの考えを表現するというような、活動的方
法が重視されるようになりました。文化として定着しているオフィ
シャルな知識 (official knowledge、公式の知識) と、生活の中で身に付け
た暗黙知 (tacit knowledge) や暗示知 (implicit knowledg) をつないで理解し、
整理し、構造化することが教師が支援する学校の学びならではの価
値となっています。

　第二次世界大戦後には、成人教育の分野から、教えられなくても
(without teaching) 自ら学習をデザインする自己学習 (self-directed learning)
も提起されるようになりました。これが、転職の時代に合致し、
1996年以降は生涯学習としてヨーロッパでは制度化されています。
したがって、教育学もまた変わらねばなりません。かつては、「学
齢期」ということばもあったように、学校教育は社会に出る前の施
設、いわゆるフロント・エンド型の制度でした。教育学は、子ども
が大人になるまでの準備期間を守備範囲としてきました。グローバ
ルな時代には多様な人々と出会い、協力して働き、社会を作ってい
きます。技術革新の激しい時代には、複数の専門性を持ち、未解決
の課題を抱え、自分を変えていかなくてはなりません。発達心理学
と成人教育の研究者ロバート・キーガン (Robbert Kegan) は、次のよ
うに言っています。

「我が MIT の同僚、センゲとショーンは、前世紀末に、学習す
る責任 (a responsibility for learning) をリーダーシップという優先事項
の簡潔なリストに入れるようにと、たくさんのリーダーたちに
向かって鼓舞していた。学習する組織 (learning organization) という
概念と結び付いた理論基盤と一連の実践は、豊かに発展してい
る。教育分野で過ごしてきたわれわれのような者にはことさら
強く気づかされるような、失われた次元 (a missing dimension) を常
に抱えていた。すなわち、成人発達に関する精密な理解が欠け
ているということである。」(Kegan and Lahey (2009) 5、キーガン、レ
イヒー (2013) 18)

技術革新、とりわけコンピュータとインターネットの普及は、か
つての工場労働のような定式化された作業を機械労働に置き換えて
います。人間に必要なことは、学び続けることです。そうならば、
教育の役目は、「一生涯学び、変わり続ける」人間を育てることです。
そのような人間たちが、「学習する組織」を創り、社会を変えてい
くわけです。

その時、赤ちゃんも含め人間なら誰しも身の回りの経験から学習
します。個々人が自分なりに学習したことは、暗黙知 (tacit knowledge)
とか、経験知、素朴知、日常的概念などと呼ばれます。学校卒業後
も、know what、know why、know how、know who といった知識は増
えていきます。仕事や社会生活の中で必要な知識をどんどん獲得し
ていくのです。とりわけ、学校には教師がいましたが、世の中に出
れば、誰に聞くか (know who) という知識は大きなウェイトを占めて
きます。さらに、生涯学習によって、専門性という科学的知識もま
た発達していきます。

（6）知る・考える・できる、教育学の拡張

　学校と教師の役割は、オフィシャル・ナレッジと呼ばれる、辞書や教科書に記載されているような公式知、専門家が手続きを踏んで確かめた権威ある知識と、個々人が経験から学習した暗黙知とを突き合わせて、生徒たちに整理させることです。

　学校の外では、マネジャーやリーダーが教師の役割を果たすこともありますが、基本的には自分で自分を育てる他ありません。生涯学習の時代には、学校卒業後の長い人生を舞台に教育学を拡張すべきだというのがロバート・キーガンの主張だったわけです。

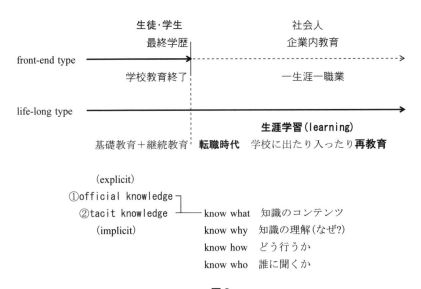

図2

	学びとリフレクション（learning and reflection）		
	知る knowing	考える thinking	できる can do
伝統的教育	知識の contents が knowledge 教育 他人（研究者・専門家）が 作成したものを詰め込む instruction by teachers 教育の成果は知識・技能	理解する 教えられたまま正確 に覚える study	練習問題など与えら れた状況のみに使用 為す力 performance （能力の表現）
新しい教育	知識 A（社会的・客観的な official knowledge） 教育 　文化で人間を育てる education 知識 B（属人的な tacit knowledge） 生活から知識構成 　inquiry 興味を持って調 べる 教育 　生活と文化をつなぐ	critical thinking 理解し構造化する 学習 learning inquiry 探究する	未知の状況にも知識 や技能を使用する 課題に合わせて計画 的に知識や技能を集め 総合して使用する 為す力 competence （課題解決）
	為すことで学ぶ ←――――――――――――（やり方を変える）		―成果→ 将来展望

図3

第3章　かかわること

(1) 社会構成主義

　一人ひとりが物事を自分で判断するとなると、果たして自分だけの思い込みにならないのでしょうか。人間は、こんな場合には、他人の判断と比べてみたり、チームを組んで手分けして点検しながら探究するなどと、認識の質を高める努力をします。自分の理解について「これで良いのか」と確かめるため、また行き詰まりを打開するため、実験をしたり、討論したりして、他者とのコミュニケーションのプロセスを経ることもあるでしょう。これを、社会構成主義 (socio-constructivism; social constructivism) といいます。

　知るという行為は、社会的な活動です。「かかわる」ということが根底にあります。

　心理学者のヴィゴツキーは、人間の心理形成に関して「間心理」という理論を提起しました。これは、人間の心理は、その個人の頭の中でひとりでに発生してくるのではなく、他者との交流の中で、いわば「人と人の間で」起きてくるものだと唱えました。学習という概念がない時代には、人間がもつイメージ（イデア）は神から先天的に埋め込まれたもので、神の光に照らされて人間は物事を知ることができると説明されていました。人間の言語もまた、生まれ

ながらに埋め込まれていて個人の内面から発してくるものと説明されました。幼児の自己中心言語が社会化されたものが言語だと解釈する心理学者ピアジェと、自己中心言語もまた社会的な言語が個人によって内面化されたものだと解釈するヴィゴツキーとの論争は、1920年代の話です。ルソー、フレーベル、ペスタロッチなど、伝統的な教育学とは認識論の点でずいぶんと距離があるのです。

つまるところ、自分と他人、中には自分ともう一人の自分との間で続けられる対話というプロセスにおいて、時間をかけて、時には瞬間的に「ことば」は獲得されます。これは「獲得」という主体的な活動です。自らがどこまで主張するか、誰を相手にどこまでやり合うかによってことばの中身(コンテンツ)は異なってくるわけです。

しかも、ヴィゴツキーと同時代人の言語学者バフチン(Mikhail Mikhailovich Bakhtin)は、コミュニケーションとは情報の受け渡しではなく、話者の価値観に基づいて相手を説得しようとし、聞き手は話者の価値観に征服されまいとして抵抗するという深刻な闘いの場であると考えました。つまり、「間心理」とは一方的なおしゃべりとか説得というよりは、価値観がぶつかり合い、場合によっては双方ともに譲らなかったり、あるいは双方が古い価値観を変更して共通理解を作り出すというプロセスのことでもあります。この末に、互いの共通認識の領域を増やしていくこと、コミューンな状態を創り出すこと、これこそがコミュニケーションということです。人間が社会的な動物であることの証です。互いの主張をしゃべりまくるのは、益少ないコミュニケーションです。

教科書に書いてあることは、教科書を書いた人の知識です。先生の説明する通りに覚えたとしても、それは先生が解釈した程度の知識なのです。たとえ、100点を取ったとしても、学習者本人が「真実」にたどり着いているかどうか真偽不明の知識なのです。

(2) 発達の最近接領域と足場掛け

　話は 1930 年頃のソビエト連邦、ユダヤ系ロシア人の心理学研究者レフ・ヴィゴツキー (Лев Семенович Выготский) に始まります。ヴィゴツキーは、北米、続いてヨーロッパの心理学に大きな影響を及ぼします。ヴィゴツキーの著書が英訳されて、北米に初めて伝わるのは、1962 年のことでした。(Vygotskii (1962))

　1970 年代まで、北米の心理学者たちは、動物実験から人間の学習理論を説明していました。人間の学習は、文化的な環境、とりわけ言語を道具として使用すると飛躍的に発達するということに、学者たちの考えが1970年代になってやっと及ぶようになったのです。ヴィゴツキー理論を研究していたマイケル・コール (Michael Cole) は、子どもたちの教育環境を改善する実践を行い成果を上げました。(Cole and Traupmann (1981))　この結果、1980 年代にヴィゴツキーの理論を研究した心理学者たちが、北米におけるその後の学習理論、特に言語学習理論を大きく取り替えていくことになります。とりわけ注目されたのは、「発達の最近接領域 (зона ближайшего развития; Zone of Proximal Development: ZPD)」という着想でした。この発想は、マイケル・コールによる英訳本 (1978 年) を通じて普及していきます。彼らの英訳では、

> 「一人で問題解決できるという今ある発達レベルと、大人の案内で、あるいは自分よりできる同僚との協働の中で (*under adult guidance or in collaboration with more capable peers*) 問題解決できるという潜在的な発達レベルとの間の距離」(Vygotsky (1978) 86、ヴィゴツキー (2001) 298)

となっています。「発達の最近接領域」を教育可能性として重視するようになったわけです。しかし、「教師が答えを教えればすぐに解決する」ということではありません。ロシア語を基に訳してみましょう。

> 「この知能年齢、あるいは一人で問題解決して決定される今の発

達水準と、子どもが一人ではなく協働 (сотрудничество; collaboration)
のなかで課題解決して到達する水準とのあいだの相違が、子ど
もの発達の最近接領域を決定する。」(ヴィゴツキー (2001) 298)

となります。「大人の助けを借りて」と説明する研究者がいますが、
このようなことばはヴィゴツキーの原文には出てきません。あと一
歩で「一人でできる」ところまで本人が成熟していることと、問題
解決にはヒントや示唆の程度の助けか、本人に出番のあるコラボ
レーションが必要だという限定条件がついているのみです。

ヴィゴツキーは、2人の8歳児に対して実験をしていました。1
人は9歳までの問題が解けました。もう1人は、大人がちょっと教
えたり、誘導質問したり、ヒントを与えたことを上手に利用して
12歳までの問題が解けました。そこでヴィゴツキーは考えます。

「知能年齢、あるいは自主的に解答する課題によって決定される
今ある発達水準と、子どもが自主的にではなく協働のなかで課題
を解決する場合に到達する水準」

があり、二つの発達水準の相違を「発達の最近接領域」と命名しま
した。別の説明では、

「協働の中で、指導があって、支援があればつねに、子どもは
自分一人でする時よりも多くのことができ、そして困難な課題
を解決することができる」(Выготский (1934) 274、ヴィゴツキー (2001)
300)

となります。協働という用語があてられている点が注目されます。
大人と子どもとの関係だけでなく、同僚とのチームワークもまた重
要であると理解できます。進歩主義教育運動に代わって、しばしば
「文化・歴史学派」と呼ばれるヴィゴツキーの理論が、1980年代に
広がっていき、1990年代になって米国のアクティブラーニングを
加速させたことは間違いありません。

（3）コンセプト・ベースの教育をするなら少人数学級

　40人でもできるのなら70人クラスでも授業できる、と考えた英国の政治家もいます。

　授業の中身を「光の三原色は赤、緑、黄である」「色の三原色は赤、緑、青である」という知識を教えるとしましょう。覚えたかどうかは光、色、赤、緑、黄、青のどれかを伏せ字にしてテストを作れば、すぐに判定できます。言葉優先の教育と学習をコンテンツ・ベースと呼びます。正確にテストに答えられれば、学力が付いたと見なされます。この場合は、生徒の人数が多くても授業できそうです。

　絵の具で絵を画いたり、パソコン画面で色を付ける作業をする授業で、「原色」という概念を学ばせたとしましょう。原色の定義は、第一に、互いに独立な色のことで、他の色を混ぜ合わせても作り出せない色のことです。第二に、原色を混ぜ合わせれば、すべての色を作り出せます。この「原色」という概念を正確に自覚していなくても、色を混ぜ合わせてその場に応じて素敵な色を作り出すことができれば、配色するコンピテンスがあることになります。適切な発達段階で、適切なコンテクスト（文脈）で概念を教えることをコンセプト・ベースの教育と呼び、知識や技能をコンテクストに対応させて上手に発揮することをコンピテンス・ベースの学びと言います。

　コンピテンス・ベースの学びでは、例えば英語の知識や技能は自分の考えを作り出したり、表現したり、コミュニケーションしたりして、自分自身の血となり肉となり、自分そのものを作り出します。単語と文法を覚えるだけのコンテンツ・ベースの学びは、一時的に身につける衣類やアクセサリーのように上滑りになりがちです。

　では、どうしたらコンピテンスは評価できるのでしょうか。教師と生徒が実践を共有しながら、その場、その場で教師が生徒の思考

プロセスを読み取ったり、物事を創り出す技能をその場で確認することしかありません。したがって、第一に、教師自身に評価できるだけの教養があることが必要です。生徒は、いつかは教師を越えていきます。それでも、教師が教師たるには、相手を評価できるだけの物差しをたくさん持っている必要があります。

　第二に、教師は見えないものを見る専門的な能力を持っている必要があります。相手の思考プロセスを読み取るには、顔の表情や目の輝き、おどおどした態度や目を背けて逃げるような態度、問題解決のどの部分でつまずいて悩んでいるのか、この心の中の思考プロセスをできるだけ適切なことばで表現させながら、変化のプロセスを確認していく能力が必要です。

　コンテンツ・ベースの教育をコンセプト・ベース／コンピテンス・ベースの教育に転換するには、少人数学級が必要になるというわけです。効率を重視する大規模学校では対応できず、昨今のコロナウイルス対策でわかったことですが、一斉休校するほかないという結論になるわけです。

　教育学者の大田堯は、次のように言っています。

　　「顔の見えている範囲……例えば10数名以下の小さな規模で、子どもの過去と未来が少しでも見えるような、そういう範囲の交わりをもった関係を教育の現場で実現することが、どうしても必要だ」(大田堯、山本昌知 (2016) 73)

　生徒一人ひとりが学びを自分の問題と意識し、自分を変え、および自分の人生そのものを創り出していける環境こそを創り出していくことが急務です。

（4）教育と学習を拡張する ICT、自己学習と個別指導の結合

　報告書『*Learning to be*』では、行動主義が評価され、アルゴリズム
や教育工学への注目が目立ちます。コンピュータの普及もなく、イ
ンターネットが考案されていなかった 50 年も前のことですので、
ツールとしての ICT の利用については現在と大きな距離がありま
す。しかし、教育のツールに ICT を使う理論が 1970 年時点で解明
されていることも特徴です。

　たとえば、発達心理学としてはソビエトの心理学者ヴィゴツキー
の発達理論が紹介されています。そこでは、人間の発達は「道具を
使った作業」に基づくもので、「学習過程を通じた記号体系の同化」
と密接に結びついていると紹介されています。「熟考する力」は、「人
間に生得的なものではなく」「いかに思考し、いかにリフレクティ
ブな操作を習得するかを個人が学ぶ」ことに基づくものであると「ソ
ビエト心理学」の理論を紹介しています。そして、ヴィゴツキーの
心理学的理論を適用すれば、小学校低学年でもこれまで信じられて
いたものよりもはるかに大きい「適性」がもたらされると指摘して
います。

　ヴィゴツキーの言う道具は、主として言語活動に当たります。同
化とは、活動しながら外的な社会的操作行為を自分個人のものとす
るという意味です。これは、「内化」理論と呼ばれています。

　報告書から 35 年経って、「相互作用的に道具を使用する」ことが
OECD が設定したキー・コンピテンシーの一つに確定しています。

　2020 年春のコロナ感染症対策で、世界中で遠隔授業が注目されて
います。時間・空間を越えて、個人でもグループでもアクセスでき、
教師と生徒とが学校の枠を越えて交流できるというプラットフォー
ムが、教育を支える時代に入ってきたということなのでしょう。

（5）支援を受けた自己学習

1970年の報告書『*Learning to be*』では、結論として具体的な行動計画として勧告がなされています。その12番目は「成人教育」に関する勧告でした。ここでは、「今後の10年間の教育戦略は、その優先目的の一つとして、学校および学校外における成人教育を急速に発展させることでなければならない」と指摘されています。ここで、成人教育は、学習者が自分自身の学習計画を決めるものであると定義づけられています。

続けて14番目の勧告は、自己学習に関するものです。その原理は、「新しい教育精神は、個々の人間を自分自身の教養的進歩の取得者かつ創造者に作り上げる。自己学習、特に他者から助けを受けてできるようになる自己学習（self-learning, especially assisted self-learning）は、いかなる教育システムにおいてもかけがえのない価値を有する」と定義されています。この事例として、オンタリオ教育研究所のアレン・タフ教授とそのグループの研究成果が評価されています。この自己志向学習者（self-directed learners）に関する調査が「多くの人間が単に学習者であるばかりでなく、同時にまた『教師』でもある（not only learners but 'teachers'）ことを明白に示している」と報告書『*Learning to be*』は指摘しています。（Faure（1972）209-210、教育開発国際委員会（1975）232-233）

このアレン・タフは、『教師のいない学習（*Learning without a teacher*）』（1963年）という刺激的なタイトルの冊子を書いています。

報告書『*Learning to be*』の序論では、学校教育の目的を「教育への動機と雇用」という二つの価値で考察しています。伝統的な教育学では、人間の尊厳、基本的な人権、民主主義といった人類の価値の増進が説かれていました。これが、「教育への動機」ということばで

表現されています。このような人類の価値は、誰もが、同じように身につけるべきものだと考えられてきました。現実的には、国民すべてが身につけるべき知識や技能を特定して教え込んでいくというコンテンツベースの学校教育が普及しました。これが「西洋式の教育（western-style education）」として、世界を近代化する手段と見なされたものでした。

　ところが「雇用への準備」は、職業が多様化すればするほど複雑化し、高度な応用力や創造力が必要になります。この多様化を人間が発揮すべき個性と見るか、格差と見るか、あなたはどちらですか。報告書が書かれた1970年頃には後期中等教育（高校相当）が、その後に高等教育（大学相当）が大衆化し、伝統的な教科や学問を教える学校教育では対応できなくなります。

　報告書『*Learning to be*』は、庶民階層の生徒が不利益を被るような「西洋式の教育」を変革して、「知的能力可能性（intellectual capacity）」を「様々な社会階層や富のレベル」から引き出すことを教育改革の目標とすべきだ、これは、平等と民主主義を実現することにもなる、という論理構造になっています。

　報告書の結論は、次のようになっています。

　　「以上の理由から、本委員会は、とりわけ次の二つの基本的な考え方を強調する。すなわち生涯教育（lifelong education）と学習社会（the learning society）である。そもそも学修（studies）は、知的到達度や年齢のいかんに関わらず、成人生活前に生徒に与えられ生徒が受けとる決定的な『総体』になり得ない。そこで、教育制度の全体にわたって、概念そのものを新しくしなくてはならない。学ばなければならない（must be learned）すべての事柄は、絶えず発見され、更新されつつある。それならば、教授は教育になり、ますますさらに学習となる（teaching becomes education and, more

48

and more, learning)。」(Faure（1972）xxxiii、教育開発国際委員会（1975）27)

　すでに 1970 年頃にユネスコという教育・文化に関する国際機関がこのような根本的な改革展望にたどり着いていたことは驚きです。その後、このような未来展望が教育行政関係者に国際的に共有され、2020 年では、教育概念を改革する道筋がより明確になり、現実のものとなりつつあります。日本は、「追いつけ追い越せ」という開発途上国型の教育制度を 1960 年代と 1970 年代の高度経済成長期にこそ、教育と学習の概念を取り替える必要があったのでしょう。

　一般的には、学校の授業時間や、知識蓄積と技能訓練を目標にした校外学習時間を増やせば学習到達度が向上します。この学習到達度とは、個人の生活とは関わりなく組織・計画され、知識や技能を使用する条件が限定された系統的学習のことです。このような学習を「学修(study)」と、またこのような教育を伝統的教育と呼び分けておきます。

　グローバルなこのネット社会で、ちょうどハンコを残すように、日本はいつまで伝統的な教育と学修を残し続けるのでしょうか。

表1

①コンテンツ・ベースの教授と学修
教授 teaching (instruction) →学修 study
何をどのように学ぶかが予め決まっている。
カリキュラム通りに教授し、生徒はコントロールされた知識・技能を習得する
②コンセプト・ベース/コンピテンス・ベースの教育と学習
教育 teaching (education) →学習 learning
教師は生徒の意欲やアイディアを引き出しながら生徒の学びを支援する
③クリエイティブでイノベイティブな学び
自己教育 teaching without teachers →自己学習 learning by oneself
学習する組織の中で、またゆるやかな出会いの中で、自己確立を続ける

第4章 かわること

　そうは言っても、世界の教育は、デンマークのようなほんのわず
かな国を除いて、伝統的な古い教育を行っています。親の教育意識
が革新的で、理想的な教育を実践している学校に入学させられるわ
ずかの家庭だけが、伝統的な教育から抜け出すことができるという
わけです。それ以外の多数は、親や教師が子どもを教え込むという
学校教育を受け、ほとんどの子どもたちは「受け身マインド」で育っ
ていきます。では、自律する自分はどうやって取り戻せるのでしょ
うか。

(1) 人生を見失うこと

　人生は、自分で作り出せるものなのでしょうか。それとも、どう
しようもないものなのでしょうか。アメリカ合衆国で、エリートの
道にたどり着いた若者たちさえもまた悩み続けてきたようです。
　ヴァンス (J. D. Vance) は、1984 年 8 月に米国オハイオ州のミドルタ
ウンに生まれています。そこは、「ラストベルト (Rust Belt、さび付い
た工業地帯)」と呼ばれる鉄鋼業の町で、「ヒルビリー (Hillbilly、田舎者)」
と呼ばれる家系で彼は育ちます。高校卒業後、海兵隊に入隊し、イ
ラクに派兵された後、オハイオ州立大学を経てイェール大学ロース

50

クールを卒業しました。

　その後、サンフランシスコに在住し、シリコンバレーで投資会社の社長を務めるまでになるのですが、彼は自分の人生を次のように振り返っています。

　　「心理学者が『学習性無力感』と呼ぶ現象がある。自分の選択が人生になんの影響も及ぼさないと思い込んでいる状態のことで、若い頃の私もそういう心理状態にあった。将来に対して期待を持てないミドルタウンの世界から、いつも混沌としていた家のなかまで、それまでの人生では、『自分ではどうしようもない』という感覚を深く植えつけられてきたのだ。」

　　「私は法律家になるためにイェール大学に入学した。しかし、世の中の仕組みについては何も知らなかったことを、1年目に思い知った。」

　　「社会的資本はつねに、身の回りにある。うまく使えれば、成功につながる。うまく使えなければ、人生というレースを、大きなハンディを抱えたまま走ることになるだろう。

　　　私のような境遇で育った子どもたちにとって、これは大きな問題だ。」(Vance (2016)、ヴァンス (2017))

　労働者階級の一員として働く米国白人集団の中で育ち、イェールのロースクールを卒業したヴァンスの目には、周りの人々は「自分の人生なのに、自分ではどうにもならないと考え、何でも他人のせいにしようとする」ような「学習性無力感 (learned helplessness)」とでも呼ぶべき状況にあったことを記述しています。繁栄から取り残された白人たちにとっては、現実の自分の「人生が、自分ではどうすることもできないと私に教えた」からだとヴァンスは言います。

　作家でジャーナリストのウィリアム・デレズウィッツ (William Deresiewicz) は、米国の1960年代から2008年までを「能力主義社会

(meritocracy)」と呼んでいます。

　米国における貧困層の生活は、1970年代のオイルショックの後、停滞しました。1990年代には米国全体の収入が増加しますが、富裕層がより向上しています。2008年の金融危機で中産階級が没落しますが、なかでも旧中産階級はより大きく没落したわけです。なんとか新しい能力で生き残ったのが、クリエイティブ・クラスと呼ばれる新中産階級です。法律家になるためにイェール大学に入学できたヴァンスは、生き方を変え、シリコンヴァレーで投資会社を経営して、新中産階級にジャンプできたということです。

(2) 受け身教育のエリートでも

　一方、ウィリアム・デレズウィッツは、イェール大学の教授でした。学生たちの悲惨な様子を自分の生い立ちに重ねながら、その原因を探っています。

　　「僕は、……何も考えずに大学へ入った。……学ぶことの意味とか、なぜ学ぶのか、つまり学問が自己を確立したり、自立心を養ったり、この世界で生きていったりするためにどう役立つかということは、完全に忘れ去られていた。今の若者たちと同じように、僕は、周囲の誰もが当然と思っている『システム』に乗せられて進んだ。」

　　「『システム』が生み出しているのは、頭がよく、才能に溢れ、意欲に満ちてはいるものの、その一方で、臆病で、不安を抱え、道に迷い、知的好奇心に乏しく、目的意識を失った学生たちだ。特権階級の柵のなかにとらわれ、おとなしくただみんなと同じ方向へ進む。すべきことはきわめて優秀にこなすが、なぜそれをするのかはまったくわかっていない。」(Deresiewicz (2014)、デレ

ズウィッツ（2016））

　彼は、名門大学合格を目的とした「エリート教育 (elite education)」というシステムが、有能な若者の人生を奪っている元凶であると突き止めます。

　名門大学に至るまでのすべて、名門大学を出た後のすべてが、受験というプラットフォームの上で動く「揺るぎなく結合した一連のシステム」だったとウィリアム・デレズウィッツは振り返るのです。イェール大学生で、彼のある教え子は、

> 「ウォール街が気づいたのは、大学はとても賢く完全に困惑した多くの卒業生を輩出しているという事実です。有り余るほどの知的能力と、驚くべき職業倫理を持ちつつ、次に何をしたらいいのか分からない子どもたちです。」

と伝えてきたと言います。しかも、デレズウィッツは、競争が過激になれば「失敗する事への恐れ」が「エリート教育」を支配すると指摘しています。ですから、「今こそ、現状とは違った社会がどんなものかを構想し、勇気を奮い立たせて、そこへ向かうべきときである」と彼は述べて、新しい教育制度の構築を訴えています。

　今日指摘できることは、学校教育が国家規模で大きなシステムないしシンジケートとして成立してしまっていて、このシステムが卒業後の個々人の生き方に大きな負の影響を及ぼしていることです。受験競争という「エリート選別システム」は、「勝ち組」には人間らしさとのズレを、「負け組」には無力感を植えつけます。平等なはずの受験競争とか出世レースは、不平等になるためのレースだったということになります。米国において IT 産業といった新しいサービス業を起業し、世界に広めた人たちの多くは移民でした。高所得者と言われる情報処理の労働者の3分の1は移民というデータもあります。この事実は、実に興味深いことです。

　コンテンツ・ベースの教育が抱える最大の損失は、受け身マインドに陥り、競争のプラットフォームを変えようとか、自分の生き方を変えようとするクリエイティビティを失わせることでしょう。少なくとも、自己変革や社会改革を思いとどまらせてしまうことです。異文化で育った移民たちは、受け身マインドという先進国教育の壁を越えた人たちです。米国の活力は、毎年数十万人ずつ、日本の小さな県の一つに匹敵する数の移民を正規に受け入れているからだとも言えます。

　さまざまな意味で、未成年を対象にしてきた旧来の教育学は、生涯学習をカバーできるように今こそ拡張されるべきでしょう。

(3) 自分の職業と自分の人生に向けた学びを取り戻す

　個々人が自律し、自分と社会を革新することへの要請は、意外な方向からやって来ます。社内教育を担当する心理学者と、成人教育を担当する教育学者の考えです。

　1980年代の米国では、多くの企業が経営のリストラに着手し始め、経営学の研究者たちもどのような組織が発展するかを研究課題とするようになりました。労働者の側も、自己の内的な価値観とか働き甲斐を重視し、転職するように変化します。職業人に求められる資質を考察したドナルド・ショーン（Donald A. Schön）の『リフレクティブな専門家—専門家は行為の中でいかに考えるか』は1984年、発展する組織を考察したピーター・センゲ（Peter M. Senge）の『第五原則—学習する組織のアートと実践』は1990年に出版されています。（Schön (1984)、Senge (1990)）

　伝統的な教育は、大工場で一斉に作業するとか、手順の決まった事務作業を繰り返す労働者にはうまく通用しました。企業や組織は、

ジョブディスクリプションと呼ばれる分業に労働者を配置し、トップダウンで指示を出し、管理すれば良かったのです。ところが高度な機械やコンピュータの導入で仕事が複雑化し、スピードアップされると、「ルーティンワーク」と呼ばれる決まった手順の繰り返しでは対応できなくなりました。仕事は、多数の課題解決を同時に行うチームワークへと変化し、個人が分担する作業にもAIを使うというようにイノベーションが常に必要になっています。この複雑な仕事を体系化するリーダーや、組織全体が共通目的に沿って動くように管理するマネジャーなど、それぞれにイノベーションが求められ続けます。古い職をこれまで通りに守ることが「労働者の権利」だと言ってるだけでは、解決がつかないわけです。

　発達心理学者で企業組織のイノベーションを研究しているハーバード大学教育学大学院教授のロバート・キーガン（Robert Kegan）および彼の同僚のリサ・ラスコウ・レイヒー（Lisa Laskow Lahey）は、成人のマインド発達を「社会化されたマインド（socialized mind）」から「自己創作マインド（self-authoring mind）」、さらに「自己変容マインド（self-transforming mind）」へと発達を描きました。（Kegan and Lahey（2009）16、キーガン、レイヒー（2013）30）これまで幼児期から未成年期の教育を対象に教育学は構成されてきましたが、その2倍以上の成人期にも精神構造が発達していくこと、教育学は新たに生涯学習を守備範囲とすべきことを指摘している点で、キーガンの提起は意義深いものです。とりわけ、未成年を教育した結果に育て上げた「社会化されたマインド」に大きな問題があるという指摘は、従来の教育学の否定を意味することになります。

①社会化されたマインド

　「社会化された（socialized）」とは、家庭および周囲の社会が与える

教育によって子どもや若者が社会適応するように形成されていると
いうことです。したがって「社会化されたマインド」とは、自分が
所属する「組織の存続」を唯一の目標として行動する精神というこ
とです。言い直せば、「受け身の精神」が長期的に形成されてきた
結果、回りの目を気にして、事を荒立てないように何もしないで黙っ
ていることをよしとするマインド（精神）です。

　話の発端となったロバート・キーガンとリサ・ラスコウ・レ
イヒーの論文『人々が変わろうとしない本当の理由』（2001年）に
は、組織がうまくいかない時に、組織のメンバーが誤りを修正し
て改革しようとしないのはなぜかが分析されています。「心から
誠実にチームワークに関与したいと思っていても協働しない（won't
collaborat)」という行為は、「競争的関与 (competing commitments)」が「変
化への免疫を破壊する (disrupt their immunity to change)」ことを恐れる
あまり自己抑制してしまうことだと説明されています。（Kegan and
Lahey (2001) 86、キーガン、レイヒー (2002a) 108）　つまり、改革し
ようとか変化を起こそうとすると、摩擦が生じて面倒になるから
何もしないのが得策だと考えがちだという訳です。

　所属する社会集団の目的のために本来責任をとらなくてはなら
ない立場にあるのに、自分自身の心の「免疫システム」が働き、「争
いを避けるためなら、どんなことでもする」つまり、間違いを訂
正しようとしないのです。「絶対にノーと言わない、言えない（I
don't or can't say NO!)」という姿勢をかたくなに守ろうとする。変えな
い、しない、間違いを認めることさえしないというのです。その
ために組織の改革に「必要な人員や設備の強化に取り組む」といっ
た、最初に掲げた課題が実現できなくなってしまう、とキーガン
とレイヒーは分析します。自分が所属する組織を守ろうにも、古
い組織のままでは対処できないことは分かっているはずなのに、

56

変えようとしないというのです。このようなマインドは、日本流に言えば、「事なかれ主義とか」「長いものに巻かれろ」ということです。「お役所仕事」とも揶揄される、マインドセットです。(Kegan and Lahey (2009) 17-18、キーガン、レイヒー (2013) 32)

　集団の決定が必要なときに、リーダーの「メンツ」をつぶしたくない、リーダーに恥をかかせないように「グループ優先思考」を選択することだとも、別の著書では説明されています。日本的にいえば、組織の重要人物の立場を「忖度（そんたく）」して組織を守ろうとすることだと言えるでしょう。

　このようなマインド（精神的傾向）の特徴は、比較文化の初期の研究者たちには「アジア文化の特徴」であると考えられていましたが、発達心理学者のキーガンとレイヒーは、「文化ではなく、マインドの複雑性 (not to culture, but to complexity of mind)」のレベルによると考えました。個が自律しないで社会的圧力のまま行動する、「全体主義」的なマインドのことで、キーガンとレイヒーは「マインドが未熟な発達段階にある」からだと考えました。

　会社が失敗の道を突き進んでも仕方がないとか、組織に問題があっても黙っていようという精神は、欧米の現代的な企業組織にとっては、あるいは民主的な社会組織にとっては損失となります。学校が「社会に適合する人物」を創り出しても、当の生徒が学校を卒業して社会に出てみると役立たないとは、なんと皮肉なことでしょう。

②自己創作マインドと自己変容マインド

　キーガンとレイヒーがマインドの複雑性の第二段階として定義したのは、

　　「自分が、必要な志向、行動計画、基本姿勢、戦略、分析を、

　　さらにまた自分のコミュニケーションの前提を持っている」
　　(Kegan and Lahey (2009) 19、キーガン、レイヒー (2013) 33)
ということでした。「自分の心理状態を自分自身で決定することが
できる」(Kegan and Lahey (2009) 52, Figure 2-6、キーガン、レイヒー (2013) 75
ページ、図 2-632) という「自己創作マインド」です。strategy を「戦略」
と訳しましたが、これは tactics（戦術）と対になっている用語です。
状況に合わせて持てる武器で効果的に戦うという一時的な行為では
なくて、戦争に勝つために総合的に計画し長期的に準備する行為全
体、もしくはその見取り図のことを「戦略」と呼びます。戦略とは、
問題解決に向けて展望を持つことと広く考えてください。未来の自
分と社会を描いているかどうか、ここが重要です。
　　自分はどうしたいのかという目標を持って、社会のなかで行動し、
時には同志を育成・組織して活動するというのは「自己創作マイン
ド」です。「自己を創り出し続けていくマインド」と言い直せば、理
解しやすいでしょうか。
　　「社会化されたマインド」の段階にある人は、あまりしゃべりませ
ん。しかし、「自己創作マインド」の段階にある人は、自分から進
んでコミュニケーションをとります。「自分の計画、基本姿勢、枠
組みに関する情報」を他者に伝えることが次に重要になるからです。
　　自分が生きることと、職場組織や地域社会などがうまく適合する
場合には、「自己創作マインド」を持ち続ける人物は、職場や社会
組織にとっても望ましい存在ということです。しかし、「自己創作
マインド」は、明確な目標を持つがゆえに、情報の発信と受信に自
分のフィルターをかけてしまう恐れがあるとキーガンとレイヒーは
指摘します。したがって、他者とのコミュニケーションの取り方が
不十分になってしまい、状況の変化について行けなくなる、という
わけです。

　そこで、キーガンとレイヒーは、「いかなる基本姿勢や分析、行動計画にも慎重な姿勢をとる (*is wary about* any one stance, analysis, or agenda)」、つまり「フィルターと自分が一体化していない (not fused)」段階にある人の精神のあり方を第三の段階と見なして「自己変容マインド (self-transformation mind)」と呼んでいます。(Kegan and Lahey (2009) 19、キーガン、レイヒー (2013) 34-35)

　自分が描いた基本姿勢や分析、行動計画を修正することができるということは、もう一人の自分がいて自己調整できる、いわゆる「メタ認知」機能を身に付けているということになります。ある意味では、努力している自分、うまくいっている部分とうまくいかない部分を持ち合わせている自分、どうしたら良いのか迷っている自分といった複数の自我 (selves) に分裂しているわけですから、バランスを保ちながら複数の自我を貫く自己創作マインドを持つことだとも言えるわけです。

　キーガンとレイヒーの指摘を言い換えれば、「社会化されたマインド」は指示されたことだけする一般社員、「自己創作マインド」はマネジャーなど中間のリーダー、「自己変容マインド」は経営者などのトップリーダーということになります。

　イノベーションを起こそうとしている企業や社会組織では、イノベーションを起こすことのできる人材が求められています。企業のイノベーションが、個々人に形成されたマインドセットを変革しなければならないという事態に行き着いたからです。

③社会と個人

　キーガンとレイヒーの視点を一言で言えば、周囲の環境に合わせて異なる意見を言おうとしない精神のあり方が「社会化されたマインド」、周囲の環境から一定の距離をとり自分の意見をはっきり

表明できるのが「自己創作マインド」、はっきりした自分の意見を
もちながらも異なる意見を受け止められる、言ってみるならば他
者を含み込んだ自分が「自己変容マインド」ということになります。

　このような変化は、成人になる前に起きていないはずはありま
せん。国によっては、あるいは教育施設によっては、幼児教育の
段階から自己評価を重視しているところもあります。アクティブ・
ラーニングとは、自己創作マインドや自己変容マインドを育成す
る試みであるとも解釈できます。

　しかし現実には、よほどの民主主義が行き届いた地域で、豊かな
教養のある教師に出会わない限り、世界にあるほとんどの学校は
生徒たちに「社会化されたマインド」を植え付けてしまうわけです。
人間誰もが、「自己創作マインド」や「自己変容マインド」まで成長
する発達論を描くのなら、幼少の頃から学校教育で追求すべきでは
なかったのかと考えませんか。

　成人教育が問いかけたことは、社会的な活動のなかで個人の精神
の複雑性が増していき、その都度個人の自律が揺らぎながら、より
自律が強化されて個人ができあがっていくということなのです。英
国の成人教育の研究者ピーター・ジャービス (Peter Jarvis) は、「社会
のなかで個人になる (becoming an individual in society)」と表現し、これが
学習のパラドックスなのだと指摘しています。「社会の意のままに
動く」のではなく、「社会に育てられながらも、その社会を変える
個人に育つ」という意味でしょう。

　ジャーヴィスは、外目には学習に見えても、3段階に分けられる
としました。第一段階は、憶測や無思慮、拒絶に終わる経験で、「無
学習」と呼びます。これは、効果のない学習です。第二段階は、概
念形成に至らぬ学習やスキルの学習、暗記に終わる経験は「リフレ
クティブでない学習」です。社会制度の維持には役立つものです。

その先に、熟考、リフレクティブなスキル学習、経験学習を経た学習、言い換えれば「整合性と変化」を併せ持つ「リフレクティブな学習」を構想しました。これは、「文化的な再生産」、つまり社会の発展を生む学習です。(Jarvis (1992) 72-78)

いったん公的な学校教育制度ができあがると、その社会を支配する政治、経済の論理に従う「順応主義的な」国民(公民、市民)かつ労働者を育成しようとします。親もまた、子どもの将来のためにそう望みます。つまり、キーガンとレイヒーが描いたような「社会化されたマインド」に固まってしまった人間を大量に育ててしまうわけです。しかし、社会全体がそうなってしまったら困るのです。

別の問い方をすれば、いったん「社会化されたマインド」が出来上がると、「自己創作マインド」や「自己変容マインド」は形成されないのかも知れないということです。カリキュラムに拘束された受け身の学習に長年支配されると、意欲や関心や問題意識を持ち、探究をし、志を同じくするものたちと吟味し、ともに創り出していくという、イノベーティブでクリエイティブな学習が犠牲にされてしまうという心配なのです。この危惧が、OECD の国際生徒調査PISA を生み出し、ネオリベラルな学習論を支える理念になっています。ものの始まりから、リフレクティブな学習を親も、学校も保障し、大学も職場もそれを一貫させ、生涯学習につなげていくことが、グローバルな社会には必要になっているということです。

④主体－客体の弁証法

英和辞典で subject と引いてみると、常識とは真逆の「家臣、家来」「支配される者」という訳が出てきて驚きます。デカルトの有名なことに「我思う、故に我あり」とあります。自分という客体について考えている主体としての自分がいる、とはなんともややこしい表

表2　学習タイプの分類

経験への反応のカテゴリー	学習のタイプ
無学習（nonlearning）	憶測（presumption）、無思慮（nonconsideration）、拒絶（rejection
リフレクティブでない学習 （nonreflectivre learning）	概念形成に至らぬ学習（preconscious　learning）、スキル学習 （skills learning）、暗記（memorization）
リフレクティブな学習 （reflective learning）	熟考（contemplation）、リフレクティブなスキル学習 （reflective skills learning）、経験学習（experimental learing）

Peter Jarvis. *Paradoxes of Learning: On Becoming an Individual in Society.* Jossey-Bass, 1992, 72.

現です。意識を持ち何かを考えている自分がいること、それに気がついて、つまりリフレクションしてみてやっと自分を主体と自覚できるということです。

　誰かに創られ、変えられようとしている客体としての自分、「やってみたい」「やらなくては」と自分で考えて行動している主体としての自分、自分をモニター（メタ認知）しながら調整し、創り変えようとするリフレクティブな主体としての自分とが重なりながら、あるいは主－客を随時入れかえながらバランスをとっているのが人間個人のメンタルな現実であるということです。

　このように認識すれば、自分である主体は、自分を客体としてとらえ、リフレクションして自分自身を変えることもできます。この営みは、一生続きます。高校生、大学生のうちから社会に創られた自分に気づいて、自己変革に取り組んでいくことができれば幸せなことです。自分の人生を何倍も面白くできます。

（4）時代が変わる、教育のルールが変わる

①国家主義と国民教育

　考えてみましょう。19世紀と20世紀に、学校教育を政治的かつ

経済的に支えたのは国です。一民族一言語一国家という近代の原則
は、学校教育によって維持されたとも言えます。学校教育の目的は、
国民を育てることでした。国民として身につけるべき知識と技能が
国民(民族)文化の中から、教科書のコンテンツとして抽出されてい
ました。知識はいつ誰がどこで学んでも中身は同じだという前提か
ら、近代の世俗の(宗教ではない)学校は出発しています。この前提
は、知識の価値中立性とか、知識の客観性と呼ばれていますが、こ
の性質は学問(科学)によって保障されるからだと考えられていまし
た。学校が扱うのは、教科書以上の知識でも、教科書以下の知識で
もありません。つまり、国として同一の文化を守ろうとして学校教
育が制度化され、コンテンツ・ベースの教育によって国民としての
同調が強いられるわけです。この社会システム総体の形成は、近代
化と呼ばれています。国民の平等が最も大きな価値として認められ
ていました。

　近代化の中で学校教育は子どもたちの成長に巨大な影響を及ぼす
ことになりました。ここから外れる者は困り者、基準より劣る者は
「落ちこぼれ」と見なされることになります。そして、日本社会は、
未だにまだこの段階から抜け出せないでいます。

　近代国家は民族自決(self-determination)を原則として成り立っていま
す。国際紛争を解決するための、一つの方便だったのです。たとえ
ばナショナリズムは、民族主義、国民主義、国粋主義とも訳される
ように、さまざまな顔をもっています。国家も教育も、妥協の産物
であることを前提にして運営されてきた(されている)わけです。

　近代国家は、国民国家とも呼ぶように、「一民族一言語一国家」を
構成原理とし、これにあてはまらないケースは多民族国家と呼びま
した。government of the people, by the people, for the people とは、民
主主義の政治原則とされます。この意味は、国王ではなく一般民衆

(人民) が所有する政府は、人民が人民のために動かす社会機構だということです。

　ところがここで問題が起きてきます。国民、公民、市民、人民といっても、思想・信条が同じというわけにはいきません。実際には、国内は一つの民族として同じ文化を保持しているものでもなく、一つの言語を全員が使用しているというわけでもありません。そこで、一つの文化、一つの言語で国民を育てる学校教育が国家建設の鍵となってきます。

　民族自決と学校教育、この二つがともに思想家ルソーを起源に、フランス革命期に明確になるわけです。問題は、国民 (公民、市民、人民) あっての国家という順番が建前なのですが、国家あっての国民という順番が現実になってしまったということです。このような国家主義によって二つの世界大戦が引き起こされたことを反省し、国際新教育運動が起きてきたり、UNESCO が設立されたのです。

②国家主義を越えるグローバリズムの教育

　グローバリズムは、1970 年代に準備され、1980 年代に実施が始まり、1990 年代にかなり明確な姿を現します。このような文化は、経済市場を優先させるネオリベラリズムとも呼ばれています。国境を越えていく人材を育成するには、国民 (民族) 文化を越えていくことになりますから、多文化、多言語、多様性を原理・原則に打ち立てる他ありません。個人は民族文化への同調ではなく、多様の中で自律することが求められます。学校は国民ではなく、タフな個人を育てる他ありません。これが学校教育の目的となります。最近、このような人間をエージェンシー (agency) と呼び始めた国際組織があります。

　国境を越えるには、国民 (民族) 文化から自由になること、つまり

多様なコンテンツを含み込むコンセプト・ベースの教育が必要になってくるということです。このような社会システムの総体の形成を、現代化と呼び分けておきましょう。現代という社会は、多文化、多様性と交流が最も大きな価値として認められます。そして、地球規模の環境維持、心身ともに健康な生活、つまり一人ひとりが自律することと、well-being がここに加わります。

　現代では、一人ひとりが問いを立て、探究し、答えをつかみ取ってくるというプロセス、いわゆる学習 (learning) を保障することが教育となります。活動的な学習には、一人ひとりの意欲や関心という非認知的側面が重要な要素となります。このような活動的な学習の成果が、コンピテンスの形成ということになるわけです。したがって、知識は、日常生活で一人ひとりがつかみ取るもので、一人ひとり違っていてもよいことになります。また、人生経験によって知識の中身は変化していきます。とりあえずそう捉えられ、そう説明されるという、客観的でもあり主観的でもあるもの、それが知識ということです。そうなると、学校の教師は、正解を教えることではなく、正解にたどり着くことを教えるのでもなく、生活の中に問題を見つけ、解決に向けて考える力、考え続ける力を育成することが仕事になります。well-being とは、生徒たちの今の生活にとって意味のあること、さらに自分の将来設計にとってもまた意味のあることです。学習は現在を犠牲にして将来の生活をつかむ手段ではなく、今の自分を作りながら今の生活を豊かにし、その結果、自分の能力を豊かに展開して将来の生活を創り出すことなのでしょう。

　有名な物理学者のアインシュタインは、『晩年に想う』という著書の中で、次のようにユニークなことばで教育の意義を語っています。「教育とは、学校で習ったことをすべて忘れた後に残っているものなのだと語った人がいるが、これは正しいと思う。」「最も重視すべ

きことは、特殊な知識の習得ではなく、自分自身で思索し判断するための一般的な能力を発達させることが常に最も重視すべきことなのです。」「他人に頼らず独立に思考し働くことを学んだ人は、自分の行くべき道を確実に見いだすばかりではなく、主として細々した知識を習得する訓練を受けた人よりも、進歩と変化に対してよりよく自らを適応させうるだろう。」(アインシュタイン (1971) 56-57)

③コンピテンスへの着目

　知りたいと思った者が探し続け、見えないものが見えてきて、学問(科学)もまた構成されているわけです。そのために、アプローチの仕方で学問(科学)は異なり、また測定技術の進展によって学問(科学)もまた変化していきます。ですから、大学の授業もまたカビの生えた学問を講義することではなく、探究・研究する力を大学生に育成するように授業はアクティブ・ラーニングが主流にならざるを

表3　教える授業と考える授業の対比

	フィンランド	日　本
問いかけ	なぜ人は学ぶ(learn)のか 社会主体形成(自分を創る)	なぜ勉強(study)しなければならないのか
マインドセット	自分の職業と社会のために学ぶ (well-being)	テストのため、受験のため学ぶ 就職に有利
次の問いかけ	自分は何になりたいのか、そのためには何が必要か	得点になることを覚える
教師の仕事	自ら学べるように教える (learning to learn)	高得点になるように教える
どうやって	なすことで学ぶ(learning by doing)	正解を効率よく教え、応用問題を繰り返して定着させる
親子の成果	生涯学習社会で生きる力 (技術革新と一生涯競争する)	学歴 (一生に一度の受験競争に勝つ)
社会的有用性	個性とクリエイティビティ	平均的労働者としての質の良さ

得ません。すでに米国では 30 年前に、ヨーロッパでは 20 年前に大学教育は転換されつつあります。米国では、IT などの発展で、個人の意識や組織の意識を変えて新しい職業を興しました。2000 年あたりには、クリエイティブ・クラスと呼ばれる個性豊かで創造的な職業に、労働者の 3 分の 1 が勤務しているといわれます。ヨーロッパは、2000 年から EU の政策として、大学も含め新しい教育を開始しました。

　教育のルールが転換したのは、改革者が突然に思いついてばらばらに努力しているのではありません。

　国際生徒調査 PISA は、これに疑問を投げかけました。教科中心の伝統的な教育は人生において大事なものを犠牲にしていないか、という問いです。教科や個々の知識を学ぶプロセスで形成される「教科横断的なコンピテンス (Cross-Curricular Competencies: CCC)」こそを、学校教育の目的にしようと考えました。

　20 年前、OECD/PISA が、世界の学校教育を教師が「教える」授業から生徒が「考える」授業、探究型の学習を支援する教育へと変えようとしました。日本の学校教育は、ここで 1 周遅れとなります。新しい教育ができる教師が不足しているばかりではありませんでした。教師を育てるはずの大学教育が、そもそも正解を解説する伝統的な講義から脱していません。新しい教育の意味さえつかみかねているのが日本の現状だからです。

　10 年前、AI と人間の知能とをつないだ学習が始まりました。遠隔授業と呼ばれるものと、伝統的な教育との整合性はまだとれていません。しかし、日本の学校教育は、ここで 2 周遅れとなりました。

参考文献

Cole and Traupmann (1981) M. Cole and K. Traupmann. Comparative Cognitive Research: Learning from a Learning Disabled Children. In W. A. Collins (ed.) *Aspects of the Development of Competence. The Minnesota Symposia on Child Psychology.* Vol.14, Lawrence Erlbaum Associates.

Delors (1996) Jacques Delors et al. *Learning: The Treasure Within: Report to UNESCO of the International Commission on Education for the Twenty-first Century.* Paris: UNESCO.

Deresiewicz (2014) William Deresiewicz. *Excellent Sheep: The Miseducation of the American Elite and the Way to a Meaningful Life.* Free Press.

Faure (1972) Edgar Faure et al. *Learning to be: The World of Education Today and Tommorow. Report to UNESCO of the International Commission, E. Faure chair.* Paris: UNESCO & George G.Harrap.

Jarvis (1992) Peter Jarvis. *Paradoxes of Learning: On Becoming an Individual in Society.* Jossey-Bass.

Kegan and Lahey (2000) Robert Kegan and Lisa Laskow Lahey. *How the Way We Talk Can Change the Way We Work: Seven Languages for Transformation.* Jossey-Bass.

Kegan and Lahey (2001) Robert Kegan, Lisa Laskow Lahey. The Real Reason People Won't Change. *Harverd Business Review*, November, 86.

Kegan and Lahey (2009) Robert Kegan, Lisa Laskow Lahey. *Immunity to Change: How to Overcome It and Unlock the Potential in Yourself and Your Organization.* Boston, Massachusetts: Harvard Business Review Press.

Knowles (1980) Malcolm S. Knowles. *The Modern Practice of Adult Education: From Pedagogy to Andragogy. Revised and Updated.* Cambridge Adult Education.

Schön (1984) Donald A. Schön. *The Reflective Practitioner: How Professionals Think In Action.* Basic Books.

Senge (1990) Peter M. Senge. *The Fifth Discipline: The Art & Practice of The Learning Organization.* Doubleday Business.

Vance (2016) J. D. Vance. *Hillbilly Elegy: A Memoir of a Family and Culture in Crisis.* Harper.

Vygotskii (1962) L. S. Vygotskii, translated by E. Hanfmann and G. Vakar. *Thought and Language.* MIT Press.

Vygotsky（1978）L. S. Vygotsky, edited by Michael Cole, Vera John-Steiner, Sylvia Scribner, and Ellen Souberman. *Mind in society: The development of higher psychological processes*. Cambridge, MA: Harvard University Press.

White（1959）Robert W. White. Motivation Reconsidered: The Concept of Competence. *Phycological Review*, Vol.66, No.5.

Выготский（1934）Мышление и Речь. *Избранные Психологические Исследования*. Издательство Академии Педагогических Наук РСФСР, Москва, 1956.

アインシュタイン（1971）アルベルト・アインシュタイン著、中村誠太郎、南部陽一郎、市井三郎訳『晩年に想う』講談社。

稲垣佳世子（1989）稲垣佳世子、波多野誼余夫著『人はいかに学ぶか―日常的認知の世界』中央公論新社。

上田薫（1964）「授業研究の根本問題」『学力と授業』黎明書房、1982 年。

上田薫（1973）「授業の立体性―過程の重視」『学力と授業』黎明書房、1982 年。

上田薫（1972）「系統・カルテ・数個」『学力と授業』黎明書房、1982 年。

ヴァンス（2017）J. D. ヴァンス著、関根光宏、山田文訳『ヒルビリー・エレジー』光文社。

ヴィゴツキー（2001）柴田義松訳『思考と言語』新読書社。

大田堯（1965）「『問』と『答』との間―現代教育の危機について考える―」『教育』国土社、1965 年、11 月号。大田堯『学力とは何か』国土社、1969 年、および『学力とはなにか―「問」と「答」との間にみる現代教育の危機』国土社、1990 年。

大田堯、山本昌知（2016）『ひとなる―ちがう、かかわる、かわる』藤原書店。

キーガン、レイヒー（2002a）ロバート・キーガン、リサ・ラスコウ・レイヒー著、西尚久訳「自己変革の心理学」『ハーバード・ビジネス・レビュー』4 月号、ダイヤモンド社。

キーガン、レイヒー（2002b）ロバート・キーガン、リサ・ラスコウ・レイヒー著、松井光代、岡本さだこ訳『あの人はなぜウンと言わないのか―自分を変える。組織を変える』朝日新聞社。

キーガン、レイヒー（2013）ロバート・キーガン、リサ・ラスコウ・レイヒー著、池村千秋訳『なぜ人と組織は変われないのか ― ハーバード流自己変革の理論と実践』英治出版。

シェークスピア（1983）小田島雄志訳『ハムレット』、白水社。

教育開発国際委員会（1975）国立教育研究所内フォール報告書検討委員会訳『未来の学習』第一法規。

デレズウィッツ（2016）ウィリアム・デレズウィッツ著、米山裕子訳『優秀な

　　る羊たち―米国エリート教育の失敗に学ぶ』三省堂。

ノールズ（2002）マルカム・ノールズ著、堀薫夫、三輪健二監訳『成人教育の
　　現代的実践―ペダゴジーからアンドラゴジーへ』鳳書房。

ホワイト（2015）ロバート・W. ホワイト著、佐柳信男訳『モチベーション再考
　　―コンピテンス概念の提唱』新曜社。

ユネスコ（1997）ユネスコ「21 世紀教育国際委員会」編、天城勲監訳『学習―
　　秘められた宝』ぎょうせい。

あとがき

　筆者が大学に入学した 1970 年頃では、学習心理学の教科書はネズミの迷路実験のような「エサを目的に学習する」動物実験から始まっていました。通知表の 5 段階評価は、相対評価が用いられ、5 は 7 ％、4 は 24 ％、3 は 38 ％、という具合に統計学で固定されていました。頭の善し悪しは生まれつきなのか。「学力」は遺伝で決まるのか、決まるとすればそれは何パーセントか、というような研究が話題を集めていました。

　動物実験は、経験と努力によって学習が成立するということを明らかにした点では、人間の可能性を拡大しました。しかし、「人間の教育」を動物並みの「調教、訓練」と誤解し、得点競争、受験勉強へと狭めてしまう人々の考えを否定することはできませんでした。

　人間は、他の動物とは違って、「エサ」等の物質を動機にするだけでなく、思想とか理念とか「生き甲斐」とか、未来に向けて大きな目標を持って活動し、社会のなかで自分の役割を責任として果たすことができます。つまり、一人ひとりが「自律」し、民主的に社会を創ることもできるのです。

　学習心理学とか発達心理学が「人間らしい動機形成」を研究しはじめるのは 1960 年頃の話で、それが主流になるのはやっと 1970 年代後半のことなのです。

　日本の教育学の枠組みは、日本の近代化に大きく起因しています。初代文部大臣森有礼は、小学校、中学校、高等学校は教育を行い、大学は研究を行うというように教育目的を二分しました。教育は未熟な人間を対象にして国民へと教え込むことで、研究は善悪を

自覚し判断ができる自立した成人が理論を極めることだというのです。大学進学者数が同一年齢の1%程度のエリートだった時代のことです。

　それから150年が経ち、社会は複雑になり、技術革新が進み、人口も増えて大学は大衆化しました。今は、同一年齢の50、60％が高等教育に進学する時代です。いち早く変化した北米では、大衆化した大学を教育施設、大学院を研究施設として扱うことにします。そして、「学力低下」した大学生の教育を模索し、アクティブ・ラーニングという授業方法を採用することにしました。これが1991年の話です。

　ヨーロッパでは、研究大学を維持しながら、職業系の大学を別系列として拡大再編成することにします。国を越え大学をつないで欧州高等教育圏を作り上げ、大学の「単位」も統一して新設しました。EUとしての政策が確定するのは2000年のことです。ちなみに、ヨーロッパの高等学校は普通科クラスのことで、研究大学入学資格を得るために学ぶ施設です。日米の大学にあるような共通教養の授業は普通科高校で学び終えています。ですから、学士課程は3年制です。

　日本は、第二次世界大戦後に、研究大学も含めて大学全体を画一的に大衆化しました。したがって、「自分は何をしたいのか、分からない」「自分は何者なのか、考えたことがない」「留学したいのだけど、本当の気持ちは分からない」という大学生がたくさんいます。日本の学校教育でも、家庭でも、生き方や学び方を自問するような機会が少なかったということです。

　動物的な動機ではなく、人間的動機は社会的に形成されます。社会学ではこれを、文化的な社会資本と呼んでいます。受験競争が人生展望を左右するというのは、これに当たります。しかし、人間的動機であるはずの人生目標が、教科書に書かれた知識とか、計算力

や語学力といったスキルに、最終的にはテストの点数というまるで「動物的な動機」に置き替えられてしまっています。本来、人間が持つべき動機を抑圧してしまうわけです。

　日本の大学は制度的には研究大学のままで改革されていませんから、世界経済の巨大な構造変化にはついて行けません。多くの大学教員は、個人の研究成果を一方的に学生に語ることを授業だと未だに思い込んでいます。大学教員は教育職にあり、個々の学生たちが自立できるように教育することを第一の職務としなくてはなりません。研究と勉学を人間的な動機に結び付くように、大学生を育てなくてはならないのに、そのような自覚はあまりありません。授業がなくても大学にやって来て、「学生が自分の人生のために学ぶように学生に働きかける」ことにも慣れていません。新型コロナ対応で遠隔授業が始まると、人間同士の直接の接触はますます遠ざかりつつあります。

　生徒や学生が、自分の未来のために、疑問を持って探究しながら学ぶ姿を日本の学校と大学に定着させたいと考えてこのような本に表現してみました。高校生、大学生の皆さんには、自分自身の展望を持ってグローバルな時代を生きてほしいと願い、自分の生き方に合った学びを考え抜いて、進路を選び取ってほしいと考えてこの本を書きました。

索　引

76

著者紹介

福田　誠治（ふくた　せいじ）

1950年岐阜県生まれ。
1979年より42年間都留文科大学に勤務。
前都留文科大学学長
著書として、『こうすれば日本も学力世界一——フィンランドから本物の教育を考える』
　朝日新聞出版、2011年2月、『フィンランドはもう「学力」の先を行っている』亜紀書房、
　2012年10月、『国際バカロレアとこれからの大学入試—知を創造するアクティブ・
　ラーニング』亜紀書房、2015年12月、『ネオリベラル教育の思想と構造—書き換え
　られた教育の原理』東信堂、2017年12月など。

東信堂ブックレット2

教育学って何だろう──受け身を捨てて自律する

2021年7月30日　　初　版第1刷発行　　　　　　　　　　〔検印省略〕
　　　　　　　　　　　　　　　　　　　　　　　　　　定価は表紙に表示してあります。

著者ⓒ福田誠治／発行者　下田勝司　　　　　　　　　印刷・製本／中央精版印刷

東京都文京区向丘1-20-6　　郵便振替 00110-6-37828　　　　　発 行 所
〒113-0023　TEL (03)3818-5521　FAX (03)3818-5514　　株式 東信堂
　　　　　　　　Published by TOSHINDO PUBLISHING CO., LTD.
　　　　　1-20-6, Mukougaoka, Bunkyo-ku, Tokyo, 113-0023, Japan
　　　　　E-mail : tk203444@fsinet.or.jp　http://www.toshindo-pub.com

ISBN978-4-7989-1715-3　C1330　ⓒ FUKUTA Seij

東信堂

〒113-0023　東京都文京区向丘1-20-6
TEL 03-3818-5521　FAX03-3818-5514　振替 00110-6-37828
Email tk203444@fsinet.or.jp　URL:http://www.toshindo-pub.jp/

※定価：表示価格（本体）＋税

東信堂

いま、教育と教育学を問い直す―教育哲学は何を究明し、何を展望するか　森田尚人・松浦良充 編著　三二〇〇円

教育的関係の解釈学　坂越正樹監修　三二〇〇円

教員養成を哲学する―教育哲学に何ができるか　林泰成・山名淳・下司晶・古屋恵太 編著　四二〇〇円

大学教育の臨床的研究　田中毎実　二八〇〇円

臨床的人間形成論の構築―臨床的人間形成論第I部　田中毎実　二八〇〇円

人格形成概念の誕生―近代アメリカの教育概念史　田中智志　三六〇〇円

社会性概念の構築―アメリカ進歩主義教育の概念史　田中智志　三八〇〇円

温暖化に挑む海洋教育―呼応的かつ活動的に　田中智志 編著　三二〇〇円

教育哲学のデューイ―連環する二つの経験　田中智志 編著　三五〇〇円

学びを支える活動へ―存在論の深みから　田中智志 編著　二八〇〇円

グローバルな学びへ―協同と刷新の教育　田中智志 編著　二〇〇〇円

大正新教育の思想―生命の躍動　橋本美保・田中智志 編著　四八〇〇円

大正新教育の受容史　橋本美保 編著　三七〇〇円

大正新教育の実践―交響する自由へ　橋本美保・田中智志 編著　四二〇〇円

空間と時間の教育史―アメリカの学校建築と授業時間割からみる　宮本健市郎　三九〇〇円

アメリカ進歩主義教授理論の形成過程―教育における個性尊重は何を意味してきたか　宮本健市郎　七〇〇〇円

応答する〈生〉のために―〈力の開発〉から〈生きる歓び〉へ　高橋勝　一八〇〇円

子どもが生きられる空間―生・経験・意味生成　高橋勝　二四〇〇円

流動する生の自己生成―教育人間学の視界　高橋勝　二四〇〇円

子ども・若者の自己形成空間―教育人間学の視線から　高橋勝 編著　二七〇〇円

越境ブックレットシリーズ

⓪教育の理念を象る―教育の知識論序説　田中智志　一二〇〇円

①知識論―情報クラウド時代の"知る"という営み　山田肖子　一〇〇〇円

②女性のエンパワメントと教育の未来―知識をジェンダーで問い直す　天童睦子　一〇〇〇円

③他人事＝自分事―教育と社会の根本課題を読み解く　菊地栄治　一〇〇〇円

④食と農の知識論―種子から食卓を繋ぐ環世界をめぐって　西川芳昭　一〇〇〇円

〒113-0023　東京都文京区向丘1-20-6　　TEL 03-3818-5521　FAX03-3818-5514　振替 00110-6-37828
Email tk203444@fsinet.or.jp　URL:http://www.toshindo-pub.com/
※定価：表示価格（本体）＋税

東信堂

〒113-0023　東京都文京区向丘 1-20-6　　TEL 03-3818-5521　FAX 03-3818-5514　振替 00110-6-37828
Email tk203444@fsinet.or.jp　URL:http://www.toshindo-pub.com/

※定価：表示価格（本体）＋税

東信堂

書名	著者・訳者	価格
倫理学と法学の架橋 ―ファインバーグ論文選	J・ファインバーグ／嶋津・飯田編・監訳	六八〇〇円
責任という原理 ―科学技術文明のための倫理学の試み〔新装版〕	H・ヨナス／加藤尚武監訳	四八〇〇円
主観性の復権 ―『心・身・世界』問題『責任という原理』へ	H・ヨナス／佐藤・滝口訳	二〇〇〇円
ハンス・ヨナス「回想記」	H・ヨナス／盛永・木下・馬渕・山本訳	四八〇〇円
生命の神聖性説批判	H・クーゼ／飯田・石川・小野谷・片桐・水野訳	四六〇〇円
生命科学とバイオセキュリティ ―デュアルユース・ジレンマとその対応	河原直人編著／四ノ宮成祥	二四〇〇円
医学の歴史	今井道夫監訳	四六〇〇円
安楽死法：ベネルクス3国の比較と資料	石渡隆司監修	二七〇〇円
死の質 ―エンド・オブ・ライフケア世界ランキング	盛永審一郎監修	一二〇〇円
バイオエシックスの展望	丸祐一・小野谷・飯田亘之訳	三三〇〇円
死生学入門 ―小さな死・性・ユマニチュード	大林雅之	一三〇〇円
生命の問い ―生命倫理学と死生学の間で	大林雅之	二〇〇〇円
生命の淵 ―バイオシックスの歴史・哲学・課題	大林雅之	二〇〇〇円
今問い直す脳死と臓器移植〔第2版〕	澤田愛子	二三〇〇円
キリスト教から見た生命と死の医療倫理	浜口吉隆	二三八一円
動物実験の生命倫理 ―個体倫理から分子倫理へ	大上泰弘	四八〇〇円
医療・看護倫理の要点	水野俊誠	二〇〇〇円
テクノシステム時代の人間の責任と良心	H・レンク／山本・盛永訳	一八〇〇円
原子力と倫理 ―原子力時代の自己理解	小原道雄編訳	一八〇〇円
科学者の公的責任 ―科学者と私たちに問われていること	小笠原・野平編訳	一八〇〇円
歴史と責任 ―科学者は歴史にどう責任をとるか	小笠原・野平編訳	一八〇〇円
（ジョルダーノ・ブルーノ著作集）より		
カンデライオ	加藤守通訳	三五〇〇円
原因・原理・一者について	加藤守通訳	三三〇〇円
傲れる野獣の追放	加藤守通訳	三二〇〇円
英雄的狂気	加藤守通訳	四八〇〇円
ロバのカバラ ―における文学と哲学	N・オルディネ／加藤守通監訳	三六〇〇円

〒 113-0023　東京都文京区向丘 1-20-6　TEL 03-3818-5521　FAX 03-3818-5514　振替 00110-6-37828
Email tk203444@fsinet.or.jp　URL:http://www.toshindo-pub.com/
※定価：表示価格（本体）＋税